Hotel Foodservice Management Work Book

호텔외식경영론 워크북

임붕영 저

(주)백산출판사

Preface

요즘 토론 · 토의 수업과 플립 러닝이 활성화되고 있습니다. 그리고 사례 발표나 소통 중심, 학습자 중심의 수업도 활성화되고 있습니다. 그러나 기초 자료가 부족하고 기본 자료가 없는 상태에서 토론 · 토의 수업을 하다 보면 교수도 지치고 학생도 지치게 됩니다.

호텔외식경영론 워크북은 그런 취지에서 집필되었습니다. 학생들이 원활하게 토의, 토론 수업할 수 있는 기초 자료를 제공하고 스스로 자기주도 학습을 해 나갈 수 있는 방법을 제시하는 것입니다. 이 교재는 마지막 학기에 사용하면 더욱 유익합니다. 그동안 배운 교과목을 종합 정리해보고 리뷰할 수 있는 자료로 활용해도 좋을 듯합니다.

이 책은 그동안 학습자 중심의 교수법을 실행하면서 임시방편으로 그때그때 학생들에게 토의 주제를 주고 함께 수업했던 내용들을 종합 정리해서 한 권의 책으로 정리하였습니다. 각 분야에 꼭 필요한 핵심 내용들을 종합 정리해보고 졸업하기 전에 이 분야를 전공한 학생들에게 스스로 묻고 답할 수 있는 학습 역량을 키워주는 데 도움이 되리라고 봅니다. 특히 각 분야에 꼭 필요한 실무 전문용어를 익히게 함으로써 취업해서 현장에서 일을 하는 데 소통이 원활하게 이루어질 수 있도록 꾸몄습니다.

이제 교수 중심의 일방적인 주입식 교육이 아니라 학생들 스스로 조사하고 정리하며 토론하고 발표하는 학습자 중심이 활성화되어야 한다는 취지에서 이 책을 쓰게 되었습니다. 아무쪼록 이 교재를 통해서 학생들의 소통 능력을 키우고 자기 분야에 필요한 전문 지식을 키워나갈 수 있고 사회에 나가 현장에서 활용하는 데 도움이 되기를 바랍니다.

2021. 12

저자 임붕영

Contents

Chapter 1 호텔외식 서비스 리더십 / 7

CHAPTER 1

호텔외식 서비스 리더십

1. 리더십 향상 기법, OKR

리더십 향상과 기업 경영에는 한 가지 공통점이 있습니다. 수익을 많이 창출하고 성장하는 기업과 리더십을 꾸준히 올리는 리더에게는 밀접한 연관성이 있다는 것입니다. 그것은 바로 목표설정과 철저한 계획수립입니다. 목표를 이루기 위한 계획이 잘 짜여진다면 어떤 학생도 리더십 부진에서 탈출할 수 있습니다. 이 두 가지가 없이 그저 무턱대고 죽자 살자 책을 들여다보기 때문에 투입한 시간에 비해서 성과가 오르지 않는 것입니다

구글이 목표를 달성하는 방식이 있는데 OKR 기법입니다. 구글이 OKR을 도입할 당시에는 40명의 소수 조직이었다고 합니다. 오늘날과 같은 거대 기업이 될 수 있었던 결정적 요인이 OKR이었다는 평가가 있습니다. OKR(Objective-Key Results)은 목표를 설정하고 이를 달성하도록 구체적인 결과지표를 설정하는 것입니다. 목표는 도전적이면서도 마음을 끄는 단 하나의 문장이어야 합니다.

OKR에서 'O'는 목표(Objective), 'KR'은 핵심 결과(Key Result)를 뜻합니다. 예를 들면 '금년에 A급 사원에 든다'와 같이 비전을 제시하는 것입니다. 결과지표는 이 목표를 달성했는지 알게 해주는 것으로 '일과 후 1시간 공부'과 같이 구체적인 수치로 나타내야 합니다.

OKR은 가장 중요한 자기개발에만 집중할 수 있게 해줍니다. 심플하지만 구글을 만든 목표-성과관리 프레임을 자기개발에 도입하여 집중해보면 어떨까요? 목표를 세우기 위해서는 OKR 기법으로 '출지도', 즉 세 지점만 통과하면 됩니다. '출발점, 지향점, 도달점'입니다. 출발지를 체크하고, 지향하는 지점을 확인하고, 도달시점을 정해야 합니다. '출지도 모르지만 출지도를 지나야' 나의 공부 목표를 이룰 수 있습니다. 목표란 '목적지에 표시'를 하고 일하는 것입니다. 그 표시가 지워지지 않도록 모든 구성원들이 보고 기억할 수 있도록 만드는 기법이 OKR입니다.

그럼 OKR을 어떻게 작성할 수 있을까요?

첫째, Objective 작성지침입니다.

- 목표는 구체적이고 행동 지향적이어야 합니다.
- 목표는 영감으로 가득해야 합니다.
- 반드시 성취해야 할 대상이어야 합니다.
- 수치보다는 정성적인 표현기법을 활용합니다.

둘째, Key Results 작성지침입니다.

- 목표 달성을 위한 방안을 모색하고 달성 여부를 확인할 수 있도록 만들어 주어야 합니다.
- 구체적인 일정을 제시해야 합니다.
- 공격적이고 동시에 현실적이어야 합니다.
- 측정과 검증이 가능해야 합니다.
- 기간 명시 등 정량적인 표현기법을 활용해야 합니다.

구체적으로 설명하면 Objective는 심플하고 명확한 문장으로 표현되며 정성적으로 만듭니다. Key Results는 목표를 달성해 나가는 과정을 측정하기 위한 숫자 등 정량적으로 표현합니다. 따라서 두 가지를 설정해야 합니다.

- **핵심 목표**: 어떤 목표(What)를 이루고 싶은가?
- **실천 목표**: 목표를 어떻게(How) 이룰 것인가?

1개의 핵심 목표당 3~5개 실천 목표를 묶으면 1개의 OKR이 완성됩니다.

OKR 기법은 기업에서 목표 달성을 추구할 때 쓰는 기법이지만 리더십을 향상시키는 자기개발에 활용해도 좋습니다.

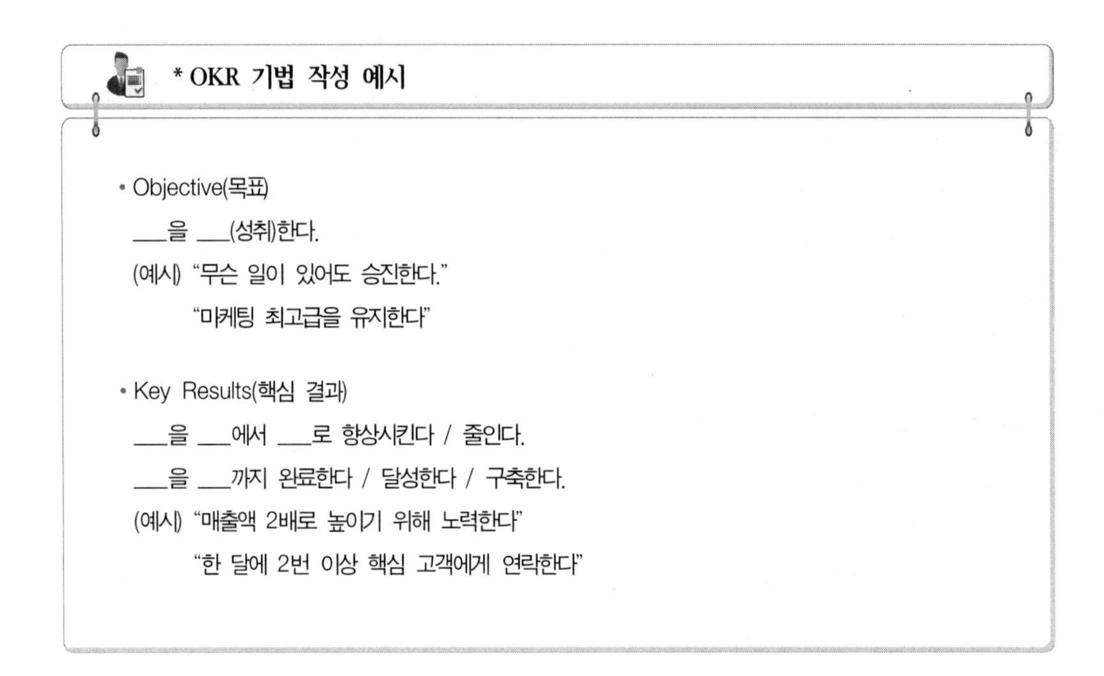

*** OKR 기법 작성 예시**

- Objective(목표)

___을 ___(성취)한다.

(예시) "무슨 일이 있어도 승진한다."

"마케팅 최고급을 유지한다"

- Key Results(핵심 결과)

___을 ___에서 ___로 향상시킨다 / 줄인다.

___을 ___까지 완료한다 / 달성한다 / 구축한다.

(예시) "매출액 2배로 높이기 위해 노력한다"

"한 달에 2번 이상 핵심 고객에게 연락한다"

그럼 OKR을 어떻게 추진할까요? 모든 구성원들과 공개적으로 공유하는 것이 좋습니다. 그리고 구체적이어야 합니다. 실행 목표를 세울 때는 최대한 구체적이고 측정 가능한 표현을 써야 합니다. 현상유지 표현은 하지 않는 것이 좋습니다. 예를 들어 '현재 실적을 유지하기 위해 노력한다' 등과 같은 표현은 피하는 것이 좋습니다. 행위를 종결짓는 표현이어야 합니다. '고객을 20% 유치한다'와 같이 끝을 맺는 표현이어야 합니다. 그럼 OKR 기법은 어떤 면에서 도움이 될까요? 제한된 시간에 가장 중요한 업무에 집중하게 하고 업무 목표를 측정할 수 있는 지표를 설정할 수 있도록 도와줍니다. 또한 내가 갖고 있는 능력과 에너지를 필요한 공부에 집중하도록 도와줍니다. 지금까지 설명한 OKR 기법을 통해서 자신의 목표와 핵심결과를 작성해 보면 어떨까요?

나만의 OKR 기법을 작성해 보기 바랍니다.

*** 나만의 OKR 기법 작성 예시**

- Objective(목표)

___을 ___(성취)한다.

(예시) 첫째, ______________________________

둘째, ______________________________

셋째, ______________________________

- Key Results(핵심 결과)

___을 ___에서 ___로 향상시킨다 / 줄인다.

___을 ___까지 완료한다 / 달성한다 / 구축한다.

(예시) 첫째, ______________________________

둘째, ______________________________

셋째, ______________________________

경영학의 아버지로 칭송되는 피터 드러커는 '측정할 수 없으면 관리할 수 없다(If you can't measure it, you can't manage it)'는 명언을 남겼습니다. 이것은 비단 기업경영에서뿐만 아니라 자기개발에서도 적용되는 원칙이라고 봅니다. 목표를 측정하고 구체적인 기대결과를 측정할 수 있을 때 자신을 체계적으로 관리할 수 있고 효율적으로 성적을 향상시킬 수 있기 때문입니다. OKR 기법으로 여러분의 리더십이 향상되기를 기대합니다. OK, Right?

* 이 글에 대한 토의 사항

구분	내용
나는 목표를 작성하고 있는가?	
나는 목표를 점검하고 있는가?	
나는 동료들과 목표를 공유하고 있는가?	
나는 리더십을 향상시키기 위해 어떤 노력을 하고 있는가?	

2. 놀이와 삶의 균형을 잡아라

언젠가 수업 시간에 있었던 일입니다. 칠판에 큼직하게 대문자로 'SALT'라고 써놓고 무엇을 의미하는 단어냐고 학생들에게 물어봤습니다. 너무 쉬운 단어인지라 아무도 대답을 않는 것이었습니다. 그런데 늘 재치 있고 유머가 넘치는 어느 학생이 큰 소리로 읽어보더니 말했습니다

"교수님, 그것은 굵은 소금입니다!"

강의은 한바탕 웃음이 넘쳤고 학생들은 즐거운 분위기에서 공부할 수 있었습니다. 이런 학생 덕분에 수업 분위기가 의외로 즐거워질 때가 있습니다. 엄숙하고 딱딱한 분위기에서 공부하는 것보다 머리를 열어주고 주고 웃음과 함께하는 공부이기에 더욱 효과가 뛰어나다는 것을 느낄 수 있습니다.

나는 가능하면 학생들이 즐겁게 웃으면서 공부할 수 있는 분위기를 만들어가기 위해 노력합니다. 간혹 유머 퀴즈도 내고 재치 있는 질의응답을 통해서 학생들의 마음부터 열기 위해 노력합니다. 잠깐, 여기서 내가 많이 써먹는 유머퀴즈 하나 내볼까요? 이거 맞추는 학생은 아주 재치 있고 상상력이 풍부한 학생입니다. 굵은 소금을 맞춘 학생과 동급으로 볼 수 있습니다. '사람의 몸무게가 가장 많이 나갈 때는 언제일까요?' 대부분의 학생들은 밥 먹었을 때라고 답합니다. 매우 상식적인 교과서적인 답변입니다. 그런데 사람의 몸무게가 가장 많이 나갈 때는 철들 때라고 합니다. 공장에서 철을 드는 것이 아니고 인생에서 철드는 시기를 말합니다. 그럼 언제가 철들 때 일까요? 바로 여러분이 공부하는 시기가 철드는 시기입니다. 그러므로 몸이 무거울 수밖에 없습니다. 그 몸을 가볍게 누그러뜨리고 스트레스 안 받게 운동하면서 재미있게 공부하자는 것이 나의 놀이 공부법입니다.

미국의 국립 놀이 연구소 설립자인 스튜어트 브라운 정신과 의사는 범죄자들을 대상으로 연구한 결과 범죄자들은 한 가지 공통점을 갖고 있다는 것을 발견했습니다. 그들에게는 놀이가 없다는 것입니다. 성장과정에서 혹은 성인이 되어서도 놀이의 개념이 없다는 걸 발견했다고 합니다. 놀이는 공감을 불러일으키고 배려심을 키워주고 창의적이고 원만한 대인관계를 형성하게 합니다. 또한 놀이를 통해서 자신의 내면과 깊이 대화할 수 있는 기회가 생깁니다.

그럼 놀이의 반대는 무엇일까요? 공부가 아닙니다. 우울증입니다. 놀이 결핍으로 고통받는 학생들이 늘어나고 있습니다. 이제는 공부와 놀이의 융합을 통해서 창의성과 성적이

라는 두 마리 토끼를 잡아야 합니다. 매일 공부만 강조할 것이 아니라 매일 놀면서 공부하는 습관을 들여 나가야 합니다. 그래야 재미있게 오래 공부할 수 있고 지치지 않고 멀리 갈 수 있으며 스트레스 안 받고 좋은 성적을 낼 수 있습니다.

요즘 놀이학습(Edutainment)이라는 개념이 대두되고 있습니다. 놀면서 효율적으로 공부하는 것이 성장기에 균형적인 삶을 만들어 주고 지치지 않고 스트레스 받지 않는 상태에서 건강한 정신력을 유지할 수 있다는 연구결과가 나오고 있습니다. 특히 유럽과 같은 선진국에서는 초등학생 때부터 놀이와 학습을 연계한 공부법이 유행하고 있습니다. 그중에 하나가 게임과 놀이에 학습을 연결하는 것입니다. 게임을 떼어놓고 청소년기를 말할 수 없습니다. 또한 공부를 떼어놓고 청소년기를 말할 수도 없습니다. 게임과 공부를 융합하는 새로운 공부법을 통해서 성적이 쑥쑥 올라가는 사례들이 나오고 있습니다. 다음 중에 여러분은 어느 유형에 속한다고 생각합니까?

1) 나는 공부만 하는 유형이다.
2) 나는 놀기만 하는 유형이다.
3) 나는 공부와 놀기를 융합하는 유형이다.

나는 세 번째 유형의 학생들이 가장 이상적인 공부를 하고 있다고 생각합니다. 공부와 놀이의 조화는 균형 잡힌 삶을 유지하게 해주고 이상적인 두뇌 활동을 자극하게 만듭니다. 이것이 최근 심리학에서 나오는 이론이고 또 그런 결과를 통해서 좋은 성적으로 연결되는 사례들을 볼 수 있습니다. 놀이는 농경사회에서 생각하는 것처럼 시간을 낭비하는 것이 아니고 오히려 에너지를 충전하고 스트레스를 풀어내며 창의적인 아이디를 얻는 과정입니다. 놀이는 이처럼 지극히 생산적인 과정이라고 볼 수 있습니다. 특히 뇌를 말랑말랑하게 해주고 유연하게 해주며 개방적인 사람으로 성장시키는 데 필요한 과정이라고 말합니다. 물론 공부를 게을리하면서 무턱대고 노는 것은 정말 놀이에 빠져 있는 경우입니다. 이것은 교육전문가들이나 내가 권장하는 공부법이 아닙니다. 최선을 다해서 공부를 하되 스트레스 받지 않고 지루하지 않게 놀이라는 방법을 통해서 자기 관리를 해나가자는 것입니다.

네덜란드의 하위징아는 호모루덴스(Homo Ludens) 개념을 만들었습니다. 인간은 유희적인 동물이라는 이 개념은 우리들의 본성을 말해줍니다. 놀이의 유혹을 벗어날 수 없는 것은 인간의 본성이기 때문입니다. 그러므로 놀이와 공부를 균형있게 연결해 나갈 수 있는 합리적인 시간관리가 필요합니다. 결국은 공부를 열심히 하면서 잘 노는 학생들이 리더가 될 가능성이 큽니다.

'놀이는 이음'입니다. 세상과 이음을 낳고, 친구와 이음을 낳고, 공부와 이음을 낳습니다.

이음은 음지를 양지로 바꿔줍니다. 노르베르트 볼츠는 '놀지 않는 사람은 병든 사람'이라고 진단합니다. 교육학자 프뢰벨은 '놀이는 유년기에 가장 순수하고 가장 영적인 인간 활동'이라고 말합니다. 또한 뇌과학 분야 전문 작가인 다이앤 애커먼은 '놀이는 인간의 뇌가 가장 좋아하는 배움의 방식'이라고 말합니다.

School의 어원은 그리스어로 Schole(스콜레)입니다. 그런데 Schole는 여가를 의미합니다. 많은 것을 생각하게 합니다. 이 단어의 어원에서 보듯이 공부만 하고 놀지 않으면 균형을 잃을 수 있고 또 놀기만 하고 공부를 하지 않으면 성장이 멈춥니다. 공부와 놀이의 균형 잡힌 시간 배분과 조절을 통해서 성적을 향상할 수 있는 방법을 찾아나가야 합니다. 공부와 놀이의 균형을 잡아야 공부에 지치지 않고 즐겁게 공부할 수 있습니다.

*** 이 글에 대한 토의 사항**

구분	내용
나는 놀이와 삶의 균형을 잡고 있는가?	
나는 균형 잡힌 삶을 살기 위해 어떤 노력을 하는가?	

3. Joy면 Joy일수록 멀리갈 수 있다

기분 좋은 사람이 일을 잘 할까요, 기분 나쁜 사람이 일을 잘 할까요? 너무 어리석은 질문 같지만 기분이 좋은 상태에서 일해야 된다는 것을 알면서도 자기의 컨디션 조절에 실패하는 사람들이 많습니다. 컨디션 조절은 업무 능력을 향상하는 비결입니다. 습관적으로 자기의 컨디션을 조절할 수 있도록 자기만의 방식을 갖는 것도 좋은 방법입니다.

나는 지금도 수업 준비를 한다거나 책을 볼 때 우선 스트레칭부터 합니다. 그리고 답답하면 노래도 불러보고 하고 싶은 말을 마음껏 합니다. 그러면 나도 모르는 사이에 기분지수가 높아집니다. 이 상태에서 책을 본다거나 수업 준비를 하게 되면 내가 기대했던 것보다 더 좋은 성과가 나오는 것을 알기 때문입니다. 나는 늘 이런 법칙을 마음속에 주문처럼 외우고 다닙니다. "기분이 기본이다" 이 문장을 열 번만 소리 내어 읽어보기 바랍니다. 그러면 기분이 훨씬 좋아지고 왜 컨디션 조절이 필요한지 스스로 깨닫게 될 것입니다. 무슨 일이든지 기본이 갖춰져 있지 않은 상태에서는 어떤 성과도 나올 수 없습니다. 특히 업무를 하는 데 있어서 컨디션 조절, 즉 기분이야말로 무엇보다도 가장 중요한 준비 자세라 할 수 있습니다.

나의 닉네임은 Joy maker입니다. 누군가가 지어준 이름이 아니라 내가 스스로 그렇게 지어 부르고 있습니다. 그리고 만나는 사람마다 "나는 조이 메이커"라고 자신있게 소개합니다. 나로 인해서 주변 사람들의 기분이 좋아지고 Joyful한 인생이 되기를 원하기 때문입니다. 그리고 이렇게 말합니다. "우리 모두 Joy go 갑시다" 여러분 안에 기쁨을 간직하기 바랍니다. 기쁨은 에너지가 되고 그 에너지는 도전의식을 낳고 그 도전의식은 성적 향상으로 이어진다는 원리를 믿기 바랍니다. 머리 좋은 사람이 이기지 못하는 사람은 더 열심히 일하는 사람이 아니라 바로 즐겁게 일하는 사람입니다. 즐겁게 일할 때 기억력이 살아나고 일 자체가 의무가 아니라 즐거움이 되기 때문입니다. 공부 또한 마찬가지입니다. 재미있게 공부해야 성적이 향상됩니다.

Joy maker로서 학생들을 가르치고 상담할 때 늘 기쁜 마음으로 즐겁게 공부할 것을 권하고 있습니다. 그동안 학생들하고 대화 나눴던 내용들을 묶어서 요약 정리한 것이 있는데 나는 이것을 "Joy 십계명"이라고 부릅니다. 어떤 학생은 이것을 카톡에 저장해서 읽어보는 학생도 있습니다. 또 어떤 학생은 자기 집 책상머리에 이 열 가지를 적어 놓았다고 합니다. 여러분들도 이 열 가지 계명을 마음에 담아보고 틈날 때마다 하나씩 꺼내서 생기 돋는 에너지로 활용해 보기 바랍니다.

- 기운으로 공부하는 것이 아니라 기분으로 한다.
- 감성은 이성보다 빠르다.
- 기분이 뇌를 열어주고 마음을 안정시킨다.
- Joy go가면 오래 공부할 수 있다.
- 편한 것보다 펀(Fun)하게 공부해야 효과가 있다.
- 기분 조절이 공부할 때의 기본 자세다.
- 공부할 때는 기쁨이 으뜸 에너지다.
- Joy일수록 공부기술은 살아나고 성적도 오른다.
- 배우고 Joy면 또한 기쁘지 아니한가?
- 기뻐야 예뻐지고, 기뻐야 기가 산다.

여기 십계명에 '기쁨이란 반지는'이라는 이해인 수녀님의 시를 읽어 보기 바랍니다. 더 큰 에너지가 솟아나는 것을 느낄 수 있습니다.

기쁨은 날마다 내가 새로 만들어 끼고 다니는 풀꽃 반지,
누가 눈여겨보지 않아도 소중히 간직하다가
어느 날 누가 내게 달라고 하면
이내 내어주고 다시 만들어 끼지,
크고 눈부시지 않아 더욱 아름다워라.
내가 살아 있는 동안
많이 나누어 가질수록 그 향기를 더하네
기쁨이란 반지는.

성경에도 '항상 기뻐하라'는 가르침이 있습니다. 좋은 일이 있을 때 기뻐하는 것이 아니라 그냥 항상 기뻐하라는 것입니다. 그러면 더 좋은 일이 있을 것이라는 가르칩니다. "Joy라, 그러면 지루함이 사라질 것이다" 그러니 무슨 공부를 하든 Joy여야 하지 않을까요? 그러니 '괜찮아, 나쁘지 않아' 정도의 표현이 아니라 '참 기뻐!' 하고 외쳐야 합니다. 기쁨의 가치는 IQ나 EQ(감성지수)와는 달리 MQ(멘탈지수)를 높여 성적을 높여주기 때문입니다.

우리가 일상적으로 하는 말에는 크게 두 종류가 있습니다. 氣(기) 살리는 말이 있고 氣(기) 죽이는 말이 있습니다. 어떤 학생은 늘 기 살리는 말을 해서 자신뿐만 아니라 친구들에

게 힘을 주는 에너자이저 역할을 합니다. 또 어떤 학생은 늘 우울하고 기운이 없어 보이며 기를 빼앗아가는 말을 하는 학생들도 있습니다. 물론 이런 친구는 동료와의 관계가 멀어질 수밖에 없습니다. 말은 마알의 줄임말입니다. '마알'은 무슨 뜻일까요. 마음속에 알맹이라는 뜻입니다. 우리 속담에 '말이 씨가 된다'는 속담이 있습니다. 이처럼 내가 내뱉은 말이 곧 씨가 되고 나를 만들어갑니다. 여러분들은 평소 자신에게 어떤 긍정적인 언어를 주고 있나요?

프랑스의 약사 출신이자 자기암시 요법의 창시자인 에밀 쿠에는 이런 주문을 외우도록 합니다. 그리고 이 말은 지금도 전 세계에서 효과적으로 적용되고 있습니다. "Day by day, in every way, I am getting better and better(나는 모든 면에서 매일매일 점점 더 좋아지고 있다)" 나는 에밀 쿠웨의 이 자기 암시 요법 문장을 학생들에게 이렇게 바꾸어서 외워보도록 주문하고 있습니다. "나는 매일매일 모든 과목에서 점점 더 성적이 오르고 있다" 이런 말을 심리학에서는 긍정적인 자기 예언이라고 합니다. 좋은 일이 일어날 것이다. 성적이 향상될 것이다. 나는 원하는 학교에 진학할 것이다. 나의 실력은 매일매일 좋아지고 있다. 이런 말을 매일 틈나는 대로 읽어보고 자신에게 주문을 걸어보기 바랍니다. 똑같은 말을 만 번하면 곧 현실이 된다는 서양 속담이 있습니다. "나는 매일매일 성적이 향상되고 있다" 이 말을 만 번 정도 외우는 순간 여러분들의 실력은 몰라 볼 정도로 향상되어 있을 것입니다.

이 대목에서 공자는 우리에게 어떤 말을 했을까요?

공자는 '知之者不如好之者, 好之者不如樂之者'(지지자불여호지자, 호지자불여낙지자)라는 영원불변의 진리처럼 느껴지는 깨우침을 주었습니다. "아는 자는 좋아하는 자만 못하고 좋아하는 자는 즐기는 자만 못하다"는 뜻입니다. 모든 일이 마찬가지겠지만 공부를 즐겁게 한다는 것은 가장 좋은 공부법이라고 나는 자신 있게 말합니다. 기쁘게 공부하겠다는데 어려운 수학공식이 더 버틸 수 있을까요. 기뻐서 영어 단어를 먹겠다는데 사양할 단어가 어디 있겠습니까. 자 여러분 Joy go 갑시다.

*** 오늘의 생각거리는?**

나는 즐겁게 공부하는 편인가, 아니면 억지로 의무적으로 하는 편인가. 이제 공부하기 전에 기분부터 살리고 즐겁게 해보기 바랍니다. 성적이 나를 Joy고 올라가는 세상을 만나게 될 것입니다.

*** 이 글에 대한 토의 사항**

구분	내용
공자의 철학을 나누어 봅시다.	
나만의 컨디션 관리 기법을 나누어 봅시다.	
재미와 성과의 관계를 토의해 봅시다.	
나는 즐겁게 일(공부)하는 스타일인가 이야기해 봅시다.	

4. 100-1=0의 원리를 깨달아라

세상에서 가장 무서운 벌레가 있습니다. 혹시 여러분들은 어떤 벌레인지 알고 있나요? 大蟲(대충)입니다. 여기서 충은 벌레 충(蟲) 자를 의미하죠. 그러니 큰 벌레가 있다는 것입니다. 성적을 좌우하는 것은 대충과 디테일, 즉 세심함의 차이라고 볼 수 있습니다. 이 글을 읽으면서 내 안에 큰 벌레 대충이 살고 있는지 아니면 세심하고 섬세하여 어떠한 대충도 내 안에 살지 못하게 하는 독한 마음을 먹고 공부하는지 자신을 되돌아보기 바랍니다. 대충해서 성적이 오르고, 대충해서 원하는 학교에 진학하고, 대충해서 성공한다면 이 세상은 대충의 지배를 받는 세상이 되고 말 것입니다. 꼭 기억하기 바랍니다. 대충이 통하는 세상은 벌레들의 세상뿐이라고. 우리 인간들의 세상에서는 대충은 결코 인정받을 수 없습니다.

내가 수업 시간에 학생들하고 대화할 때 가장 강조하는 '삼경 공부법'이 있습니다. 현미경(顯微鏡)처럼 디테일하게 들여다보고, 망원경(望遠鏡)처럼 멀리보고, 만화경(萬華鏡)처럼 재미있게 공부하라는 것입니다. 여기서 '경' 자는 한자로 鏡인데 거울 경 자입니다. 거울 속을 들여다보듯이 세세히 관찰하고 느껴보라는 뜻이 들어 있습니다.

"나는 현미경을 들여다보듯이 공부를 세심하게 하고 있는가?" 자신을 들여다보고 공부하는 스타일이 어떠한지, 무엇을 고쳐나가야 할지 점검해보기 바랍니다.

흔히 사소한 것에 목숨 걸지 말라고 외쳐되는 사람들이 있습니다. 사소한 것에 목숨을 걸수록 행복지수가 떨어진다고 말하는 사람들이 있습니다. 사소한 것에 걸려 넘어지지 말라고 충고하는 사람들을 많이 만납니다. 내 서재에도 여러 작가들이 사소한 것에 목숨 걸지 말라고 쓴 책이 대여섯 권 있습니다. 정말 그럴까요? 정말 사소한 것에 목숨 걸지 말아야 할까요? 여러분은 어떻게 생각합니까? 맞습니다. 사소한 것에 목숨 걸면 안 됩니다. 그러나 이것은 인생에서의 이야기입니다. 공부에서는 상황이 달라집니다. 공부에서만은 사소한 것에 목숨을 걸어야 합니다. 그래야 깊이가 있고, 넓이가 있고, 응용할 수 있고, 기초가 탄탄하고, 원하는 만큼 실력이 향상될 수 있습니다. 1점 때문에 등급이 좌우되고 원하는 학교의 진학이 갈려 웃고 우는 선배들의 모습을 생각해 보기 바랍니다.

나는 100-1=0이라는 법칙을 좋아합니다. 이 법칙은 묘하게도 경영과 공부에서 결정적인 역할을 합니다. 경영을 하다 보니 사소한 것 하나 때문에 전체를 망치는 경우를 많이 보아왔습니다. 사소한 문제를 제때에 처리하지 못해서 시스템이 흔들리고 수익 창출에 영향을 받는 경우를 많이 보아왔습니다. 또한 학생들을 가르치면서 이런 법칙을 마음속에 간직하고 공부하는 학생과 그렇지 않은 학생과의 성적의 차이가 뚜렷이 다르다는 것을 지켜보았습니다. 나는 30년 동안 영어를 가르쳐 왔습니다. 그래서 학생들을 가르칠 때 이 법칙을 강조하고 설명합니다. 예를 들면 영어 단어 하나를 외우더라도 단어의 뿌리를 찾아서 음미해 보고 동의어와 유의어, 반대어 등 이웃 사촌들을 챙겨보면 그 단어는 결코 머릿속에서 지워질 수가 없습니다. 사소한 것을 신경쓰다 보면 기초가 단단해지기 때문입니다.

이런 디테일의 법칙은 공부법뿐 아니라 경영학과 심리학 심지어 식물학에서도 많이 연구되고 있습니다.

독일의 생물학자인 리비히는 '최소량의 법칙(Law of Minimum)' 이론을 주장했습니다. 이는 '식물의 생산량이 가장 소량으로 존재하는 성분에 의해 지배받는다'는 법칙을 말하죠. 다른 성분이 아무리 풍족해도 하나의 특정 성분이 부족하면 그 식물의 생육은 그 부족한 성분에 의해 영향을 받는다는 것입니다. 이는 식물의 성장을 좌우하는 것은 넘치는 요소가 아니라 가장 부족한 요소라는 것입니다. 질소, 인산, 칼륨, 석회 중 어느 한 가지 요소가 부족하면 다른 것이 아무리 많아도 식물은 제대로 자랄 수 없다는 것입니다. "최대가 아니라 최소가 성장을 결정"한다는 이론인 셈이죠. 이는 한 과목만 파고들어 그 과목이 100점을 맞았다고 해서 전체 성적이 올라가는 것은 아니라는 공부의 원리를 대변해주고 있습니다.

이것이 "100-1=0"의 법칙이고 사소한 것에 목숨 걸라는 디테일(Detail)의 법칙입니다. 그리고 내가 항상 학생들에게 충고하는 공부법이기도 합니다. 예를 들어 여러분들은 고등학교 졸업할 때까지 모든 교과목을 두루두루 잘 해야 성적으로 인정받을 수가 있습니다. 열 과목은 다 성적이 좋은데 어느 한 과목이 부족하다면 그 한 과목에 의해서 여러분들의 성적이 좌우됩니다. 하고 싶지 않은 과목이 있다 하더라도 대학에 진학할 때까지 이런 최소율의 법칙에 근거해서 공부해 나가야만 합니다. 이제 대학에 진학하면 여러분들이 하고 싶은 공부, 읽고 싶은 책만 골라서 읽을 수 있는 시대가 열려 있습니다. 그러나 그때까지 여러분들은 이 디테일에 입각한 공부 습관을 들여 나가야 한다고 봅니다.

"100－1＝0"의 법칙에 의한 공부법의 원리는 다음과 같습니다.

• 성적＝a과목＋b과목＋c과목＋n과목이 아닙니다.
• 성적＝a과목×b과목×c과목×n과목입니다.

a, b, c 과목 중 어느 한 과목이 높을수록 승수의 효과를 보이지만 반대로 한 과목이라도 0이면 전체가 0이 되는 법칙을 말합니다. 반대로 모든 과목의 성적이 뛰어나면 놀라운 성적을 가질 수 있지 않을까요?

'세상의 어려운 일은 반드시 쉬운 일에서 만들어지며, 세상의 큰 일은 반드시 작은 것에서 만들어진다(天下難事, 必作于易, 天下大事, 必作于細)'고 노자는 도덕경(道德經)에서 말하고 있습니다. 이른바 Detail의 법칙을 강조한 것인데, 이것이 내가 주장하는 공부법입니다.

* 이 글에 대한 토의 사항

구분	내용
100-1=0의 원리를 토의해 봅시다.	
디테일(Detail)의 법칙을 토의해 봅시다.	

5. 손으로 공부하는 습관을 갖자

성적이 뛰어난 학생과 그렇지 못한 학생 사이에는 분명한 차이가 한 가지 있습니다. 여러분은 그 차이가 무엇이라고 생각합니까? 성적에 뛰어난 학생은 온몸으로 공부하는 대신 그렇지 못한 학생은 머리로만 공부하려 든다는 것입니다. 온몸으로 공부한다는 것은 무엇일까요? 머리와 마음, 손놀림 등 신체 구조 전체를 활용하는 것입니다. 그래서 중간중간에 스트레칭을 하며 스트레스를 풀고 컨디션을 잘 조절하게 됩니다. 그중에 하나가 손놀림 아닐까요?

여러분, 손을 쭉 펴보기 바랍니다. 그리고 손가락을 끼고 힘껏 좌우로 흔들어보길 바랍니다. 이제 박수 열 번만 쳐보기 바랍니다. 그리고 손을 서로 맞잡고 애무하듯이 감싸 보기 바랍니다. 어떻습니까, 기분이 좀 상쾌해졌습니까? 기분이 상쾌해진 것은 느끼지 못할지라도 여러분들의 뇌가 전보다 깨어난 것은 사실일 것입니다. 이건 과학적으로 근거 있는 이야기니까요.

"손은 밖에 나와 있는 두뇌다" 괴테의 말입니다. 머리 속에만 뇌가 있는 것이 아니고 손이 뇌가 될 수 있다는 것입니다. 손동작으로 뇌 기능을 활성화시킬 수 있습니다. 공부하기 전에 손 스트레칭을 한다거나 중간중간에 하이파이브를 하는 것도 마찬가지입니다. 뇌를 자극하여 활성화시킬 수 있기 때문입니다.

가장 좋은 뇌 기능 활성화 방법은 필기입니다. 배운 것을 노트에 적고 적은 것을 손으로 체크할 수 있도록 하는 것이 손기능을 활성화시키고 뇌 신경을 자극하는 방법 중의 하나입니다. IT기술을 개발한 사람은 IQ가 대단히 높은 사람이지만 그것을 무작정 따라하는 사람의 뇌기능은 과거에 비하여 떨어져 있다는 연구가 있습니다. 그 이유 중의 하나가 필기를 하지 않기 때문이라고 합니다. 보고, 터치하는 기능은 커진 반면 노트하는 기능이 사라져가기 때문입니다.

문명이 발달하면서 우리의 손이 이처럼 '제2의 뇌' 역할을 할 수 있었던 이유는 무엇일까요? 손은 인체 기관 중 가장 많은 뼈로 구성돼 있습니다. 사람의 뼈는 총 206개, 이 중 양손이 차지하는 뼈의 개수는 무려 54개라고 합니다. 말 그대로 '손바닥만 한' 기관 에 우리 몸 전체 뼈의 25%가 들어있다는 말이죠. HAND를 잘 관리해야 하는 이유는 HAND (Have A Nice Day)에 그 뜻이 숨겨져 있습니다. 손 관리를 잘 해야 하루가 즐거워집니다.

우리나라 전통 육아법 중에 곤지곤지, 죄암죄암, 짝짜꿍 등 단동십훈이 있습니다. 어린아이를 키울 때 손바닥 자극을 통해서 뇌 기능을 활성화시키고 인지능력을 향상시켜 왔던 뇌과학의 육아법입니다. 공부를 시작하기 전에 재미있게 곤지곤지, 죄암죄암, 짝짜꿍을 통해서 뇌 기능을 활성화시키고 공부하는 것도 효과적인 공부법입니다. 이것이 뇌 과학에 근거한 수업 전 Ice breaking입니다.

나는 강의실에 들어서자마자 제일 먼저 학생들의 몸을 풀어줍니다. 박수치기부터 목 돌리기, 옆의 친구 등 두들겨 주기, 손가락 끼고 좌우로 흔들기, 스트레칭하기 그리고 함께 신나게 웃기 등 다양합니다. 이렇게 몸을 풀고 나면 신체 구조가 뇌 세포를 활성화시켜 공부할 수 있는 준비를 갖추게 합니다. 준비 운동 없이 물속에 뛰어들면 익사하기 쉬운 것처럼 그냥 무턱대고 책상에 앉아 수업만 듣는 것은 효과성이 떨어진다는 것을 기억하기 바랍니다.

결국은 '손 관리가 뇌 관리'입니다. 그러니 손이 속삭이는 말을 잘 들어야 합니다. Have a Nice Day! 어떻게 손놀림하느냐에 따라 하루의 행운이 결정됩니다. 그 손이 바로 두뇌이기 때문이 아닐까요? 성적이 뛰어난 학생들이 손놀림을 잘한다는 것은 손으로 메모하고, 필기하고 선생님 수업 내용을 제때에 잘 받아 적는다는 것을 의미합니다.

찰스 다윈은 적자생존을 인류 진화의 근거로 제시했습니다. 나는 '적자생존'으로 공부의 원리를 설명하곤 합니다. 적자생존이 어떻게 공부법이 될 수 있을까요? 적는 자만이 살아남기 때문입니다. 그런데 대부분의 학생들은 적는 것을 게을리하거나 적는 것이 얼마나 소중한지를 잊고 있습니다. 적을 때 더 이해가 빠르고 더 오래 기억되고 머릿속에 깊이 자리잡는다는 것을 잊고 있다는 것입니다. 기억은 사라져도 기록은 남는다는 말은 바로 공부법에 그대로 적용된다고 나는 믿습니다. 그래서인지 지금도 나는 항상 메모하는 습관이 있습니다. 현장에서는 누구나 기억하지만 자리를 뜨면 거의 절반은 잊게 되고 다음 날이면 85% 정도 잊는다는 사실을 알게 된다면 당장 메모하는 습관을 들이게 될 것입니다.

"손바닥에 털이 난다"는 우리의 속담이 있습니다. 농경시대에는 손으로 논밭을 가꾸고 벌어 먹어야만 했습니다. 손에 털이 난다는 것은 게을러서 일을 안 했기 때문에 손바닥에 털이 난다고 비유적으로 하는 말입니다. 여러분들이 사는 시대는 삽이나 괭이를 들고 땅을 파서 먹는 시대가 아니죠. 이제는 손발경제의 시대가 아니라 마음경제 시대입니다. 마음경제 시대에 여러분들의 손은 어떻게 써야 할까요? 메모하고, 필기하고, 기록하는 일에 써야 합니다. 하지만 나는 여러분에게 이렇게 충고합니다. 손으로 공부하지 않으면 손에 털이 날 수도 있다. 손에 털이 난다는 것은 다시 퇴화한다는 것을 의미합니다. 그러니 손을 잘 놀리기 바랍니다.

내가 가르친 학생 중에는 '메모의 여왕'이라는 학생이 있습니다. 수업시간에 교수님들이 수업하는 내용을 빼놓지 않고 깨알같이 메모해서 정말 감탄할 정도였습니다. 그리고 시험 끝나고 문제 풀이할 때도 얼마나 정성스럽게 오답 노트를 정리하는지 교재로 사용해도 부족함이 없을 정도였습니다. 이렇게 메모를 잘하는 습관이 있으니 당연히 성적이 향상될 수밖에 없겠죠. 그래서 나는 그 학생을 메모의 여왕이라고 닉네임을 붙여준 적이 있습니다. 이제 왜 성적이 뛰어난 학생들은 온몸으로 공부하는지 알겠죠? 손은 밖으로 나와 있는 두뇌라는 괴테의 말을 꼭 기억하기 바랍니다. 자 그럼 박수 한번 힘차게 쳐보고 공부할까요?

*이 글에 대한 토의 사항

구분	내용
나의 학습 습관을 나누어 봅시다.	
나는 얼마나 메모를 잘하는 습관을 갖고 있는지 토의해 봅시다.	

6. Fandom을 모아야 성공한다

BTS 성공의 가장 큰 비결은 무엇일까요?

"BTS 성공의 8할은 Army"라고 합니다.

그만큼 팬덤의 역할이 절대적이라는 것을 의미합니다.

팬덤의 힘은 그동안 비즈니스 세계에서 평가절하 되어 왔습니다. '오빠 부대', '덕후' 등으로 조롱받으며 하위문화로 인식됐으나 이제 팬덤은 비즈니스 세상을 움직이는 마케팅의 핵심으로 떠올랐습니다. 엔터테인먼트 업계에서 발아한 팬덤 현상이 비즈니스 영역으로 확장되면서 기업의 성패를 좌우하는 요소로 부각된 것입니다.

팬덤은 사전적으로는 특정한 인물이나 분야를 열성적으로 좋아하는 사람들 또는 그러한 문화 현상을 의미하는 단어입니다. '광신자'를 뜻하는 '퍼내틱(fanatic)'에서 따온 단어인 팬(fan)과 영토, 영지, 국가 등을 뜻하는 '덤(-dom)'이라는 단어의 합성어입니다. 팬의 어원이 된 '퍼내틱'이라는 단어는 라틴어 '파나티쿠스(fanaticus)'에서 유래했다고 합니다. 파나티쿠스는 애초에는 교회에 헌신적으로 봉사하는 사람을 일컫는 말이었습니다. 그러던 것이 중독자의 의미를 포함하면서 광신자를 뜻하는 퍼내틱이라는 단어가 됐습니다.

따지고 보면 예수나 공자, 부처도 팬덤을 통해 자신의 뜻을 세상에 알렸습니다. 지금으로 치자면 예수의 열두 제자와 공자와 석가모니의 십대 제자는 팬클럽 회장인 셈이죠. 그 "찐팬"들에 의해 인류사가 바뀐 것이라고 전문가들은 진단합니다.

특히 신규고객 확보는 고사하고 고객들이 너무 쉽게 이 브랜드에서 저 브랜드로 옮겨 다니는 요즘 고객을 팬으로 만드는 것은 기업에게 선택이 아닌 필수 전략이 되었습니다. 고객을 팬으로 만들지 않으면 시장에서 더는 살아남기 힘든 시대가 온 것입니다.

지금 우리가 살고 있는 사회를 가장 적절하게 설명해주는 단어 중 하나가 팬덤(fandom)이 되고 있는 것입니다. 팬덤은 단순한 열광적 팬 집단을 넘어 사회에 지대한 영향을 미칩니다. 집합과 확산을 먹고사는 팬덤은 인터넷과 스마트폰의 발달로 더욱 강력한 무기를 장착했습니다. SNS는 팬덤의 운동장이자 먹이터가 되고 있습니다. SNS 없이는 팬덤 현상을 설명할 수 없습니다. 페이스북, 트위터, 인스타그램 등으로 대표되는 SNS는 팬덤을 강화, 확산시켜 나갑니다. "고객은 떠나도 팬은 떠나지 않는다"는 말이 있습니다. 이제 팬덤은 기업 마케팅의 핵심이 되고 있습니다. 이제는 고객 유치가 아니라 Fandom을 어떻게 구축할 것이지 고민해야 하지 않을까요? 이런 Fandom이 여러분들이 하는 일을 Kingdom으로 만들어 줍니다.

*** 이 글에 대한 토의 사항**

구분	내용
팬덤현상을 토의해 봅시다.	
나는 무엇의 혹은 어느 기업의 팬덤인가 토의해 봅시다.	

7. Start with why

"왜 공부를 해야 하죠? 그리고 공부를 잘하는 비결은 무엇일까요?" 아마 모든 학생들이 이 같은 질문을 끊임없이 하고 있습니다. 공부를 왜 하는가를 제대로 알 수 있다면 모든 공부를 재미있고 긍정적이고 주도적으로 할 수 있으니까요. 그러나 왜 공부를 해야 하는지 제대로 깨닫지 못한 상태에서 무턱대고 책상에만 앉아 있다면 지루하고 억지로 하게 되어 지치고 맙니다. 짓눌리는 엉덩이가 싫어할 것입니다. 결국 공부를 잘하는 학생들은 내가 왜 공부를 해야 하는지 그 이유를 잘 알고 있다는 걸 발견할 수 있습니다.

그러니 꾸준히 이런 질문을 자신에게 던져야 합니다. "내가 왜 공부를 해야 하는가?" 질문은 답을 찾는 과정입니다. 'question'의 어원은 '찾다'라는 의미의 라틴어 'quaestio'입니다. 사르트르는 "질문은 인간이 세계에 탐구적으로 관계하는 원초적 행위"라고 규정했습니다.

20세기 가장 위대한 시인으로 불리는 파블로 네루다는 "우리는 질문하다 사라진다"는 구절을 남겼습니다. 소크라테스는 "질문이 정답보다 중요하다"고 강조했습니다. 그리고 생각의 탄생을 쓴 로버트 루트번스타인은 "질문은 우리의 삶 전체에 있어서 중대한 실마리가 된다"고 했습니다. 이처럼 질문은 세상을 열어가는 열쇠가 됩니다. 학창 시절에는 호기심을 잃지 않고 모든 문제에 대해서 질문을 던져야 합니다. 질문이 곧 답이기 때문입니다. 공부 또한 마찬가지라고 생각합니다. 당연히 공부를 잘하는 학생들은 Why라고 묻습니다. 그러면 어떻게 공부해야 될지 그 방법(How)을 스스로 찾을 수 있기 때문입니다. '나는 공부가 제일 재미있었다'고 말하는 학생들이 있습니다. 사실 공부가 재미있는 건 사실이 아닙니다. 그런 학생은 공부를 왜 해야 하는지를 잘 알고 있기 때문에 지루하지 않고 즐겁게 했다는 표현일 것입니다.

공부 잘하는 학생들은 무턱대고 영어 단어나 수학공식을 외우고 다니지 않습니다. 그것은 일시적으로 효과만 있을 뿐이죠. 공부란 내 머리와 마음과 온몸 안에 저장되고 스며들어야 합니다. 그러기 위해서는 왜 공부를 해야 하는지 궁극적이고 내적인 동기부여가 중요합니다. 부모님이나 선생님께서 공부하라고 해서 공부하는 학생보다 내 자신이 공부해야 하는 그 이유를 알고 덤벼들 때 더 좋은 성적으로 연결됩니다. 나는 학생들에게 늘 강조하는 게 있습니다. 억지공부하지 말고 의지공부 하라는 것입니다. 남이 시켜서 하는 억지공부는 엉덩이만 힘들게 합니다. 그러나 스스로 동기부여 되어 의지공부하면 자신도 모르는 사이에 콩나물 자라듯 성적이 쑥쑥 올라갑니다. 내가 가르치는 학생 중에 욕심이 많고 의

욕이 강해서 많은 시간을 내서 놀지도 못하고 공부하는 학생이 있었습니다. 그런데 성적이 오르지 않아서 늘 고민을 하는 것이었습니다. 그래서 어느 날 이 학생과 상담을 하게 되었는데 공부하는 이유가 무엇이냐고 물었습니다. 그랬더니 부모님이 시켜서 한다거나 친구들이 하니까 한다는 막연한 대답을 하는 것이었습니다. 그때 선생님은 "네가 왜 공부를 해야 하는지 구체적인 이유를 생각해봐라, 그러면 공부가 재밌어질 것이다" 이렇게 충고를 했습니다. 다음 학기부터 이 학생이 성적이 향상되어가는 것을 보았는데 나중에 알고 보니 나와 상담한 이후에 왜 공부를 해야 하는지 구체적이고 근본적인 물음을 통해서 자신감을 얻게 되었다고 합니다.

"Start with why(질문으로 시작하라)"의 저자인 사이먼 사이넥 또한 "모든 일은 Why로부터 시작되어야 한다"고 강조하고 있습니다. 나는 공부 또한 마찬가지라고 생각합니다. "나는 왜 이 공부를 하는지, 내가 하는 공부가 왜 소중한지, 내가 왜 단어를 외워야 하는지를 묻는다면" 더 좋은 공부법으로 연결될 수 있습니다. 사이먼 사이텍은 또한 이렇게 이야기합니다. "Why로 시작해서 How로 나가라" 그러니 책상머리에 앉을 때마다 항상 이렇게 자신에게 마법을 걸어보기 바랍니다. "나는 왜 공부를 하는가?" 그러면 어느 순간 마법에 걸린 것처럼 공부와 친해지게 됩니다.

그런데 공부를 지루하게 하는 학생들은 Why 대신 How나 What을 강조합니다. 근본적인 Why 없이 무슨 과목을 어떻게 하면 좋을까를 가지고 무턱대고 공부야 한판 붙어 보자는 식으로 덤벼들게 됩니다. Why가 없는 상태에서 이런 학생들은 쉽게 지치고 벽에 부딪히게 됩니다. 내 안에서 Why라는 동기가 부여되지 않았기 때문입니다.

그러므로 "내가 왜 공부해야 하지?" 하고 스스로 묻는 것은 가장 강력한 내적인 동기부여라 할 수 있습니다. 지난 30년간 학생들을 가르치면서 공부 잘하는 학생들을 지켜보았습니다. 그들은 결코 머리가 좋다거나 환경이 좋은 학생들만은 아니었습니다. 다만 지금까지 설명한 것처럼 왜 자신이 공부해야 하는지 그 이유를 잘 알고 있는 학생들이었습니다. 그들은 틈나는 대로 자신에게 이런 질문을 던진 학생들입니다. "Why 공부를 해야 하지?"

* 이 글에 대한 토의 사항

구분	내용
나는 질문하는 습관이 있는가 토의해 봅시다.	
질문의 가치를 토의해 봅시다.	
소크라테스 질문법을 토의해 봅시다.	
질문이 익숙하지 않는 이유를 토의해 봅시다.	

8. Dream을 그려라

여러분, 공부를 잘하고 싶죠? 그리고 미래에 멋진 사람으로 거듭나고 싶지 않습니까? 그럼 성적을 쑥쑥 올리는 공부 비결은 무엇일까요? 나는 현장에서 학생들을 가르치면서 얻은 답이 있습니다. 공부를 잘하는 학생들의 공통점이 무엇인지 발견한 것입니다. 바로 꿈이 크다는 것입니다. 꿈을 꾸는 학생들은 반드시 그 꿈을 이루기 위해서 공부도 열심히 하고 성적이 올라가는 것을 확인했습니다. 이것은 내가 책상머리에서 지어낸 얘기가 아니고 학생들을 가르치면서 터득한 공부법입니다.

그래서 나는 학생들을 만날 때마다 이렇게 묻습니다. "학생의 꿈은 무엇인가요?" 그리고 수업시간에 항상 이렇게 강조합니다. "꿈생꿈사라! 꿈에 살고 꿈에 죽는 것이 인간입니다. 그러니 더 큰 꿈을 가지세요"라고 당부합니다. 인류 역사를 빛낸 사람들을 살펴보면 머리가 좋다거나 부모 환경이 좋다거나 좋은 학교를 다닌 사람들이 아니라 바로 꿈을 잃지 않은 사람들이었습니다.

아인슈타인의 뒤를 이을 덕망있는 과학자로 칭송되었던 스티븐 호킹 박사가 있습니다. 그는 1962년 루게릭병에 걸려 2년 시한부 인생 선고를 받았습니다. 하지만 지난해까지 살아 블랙홀 연구 등으로 현대과학의 큰 지평을 열었습니다. 어느 날 기자가 그에게 물었습니다. "당신의 업적 중에서 가장 큰 것은 무엇입니까" 그러자 스티븐 호킹은 이렇게 말했습니다. "꿈을 잃지 않는 것입니다"

- 주나라 문왕은 감옥에 갇혀 있는 동안 "주역"을 저술했습니다.
- 공자는 진나라에서 어려움에 처했을 때 "춘추"를 지었습니다.
- "일리아드"와 "오디세이"를 쓴 시인 호머와 "실낙원"을 쓴 밀턴은 장님이었습니다.
- 베토벤의 유명한 곡은 모두 청각을 잃은 상태에서 만들어졌습니다.
- 세르반테스는 한쪽 팔을 잃은 상이군인 상태에서 "돈키호테"를 지었습니다.
- 손자는 다리가 잘리고 나서 "손자병법"을 지었습니다.
- 사마천은 남근이 잘려나가는 궁형을 당하고 서도 살아남아 "사기"를 저술했습니다.

이들에게 꿈이 없었다면 죽음이 다가왔을 것입니다. 꿈이 죽음을 이기는 끈기와 승부 기질을 주었고 결국은 원하는 목표를 이룰 수 있었습니다. 러시아 속담에 이런 말이 있습니다. "꿈이 있는 나라에는 겨울이 없다" 나는 여러분에게 "꿈생꿈사"의 원리를 가르치는 일부터공부법의 비결을 설명하고자 합니다.

빅토르 위고는 이렇게 말했습니다.

"미래를 창조하는 데 꿈 만한 것은 없다. 오늘 꿈꾸는 이상향이 내일의 피와 살이 된다." 큰 꿈을 꾸는 학생은 큰 사람이 됩니다. 그리고 그 꿈을 이루기 위해서 공부도 더 열심히 하고 성적도 향상됩니다. 이것이 내가 30년간 가르치고 지켜본 공부 잘하는 학생들의 첫 번째 공부법입니다. 여러분, 더 큰 꿈을 꾸면 반드시 성적이 올라가게 되어있습니다. 꿈을 꾸는 자는 그 꿈을 닮아가기 때문입니다. 여러분 모두에게 Dream을 드립니다.

*** SMART Dream을 그려봅시다.**

구분	내용
Specific	
Measurable	
Attainable	
Reality	
Time	

9. 불파불립(不破不立) 정신으로 일어서라

공부를 잘하는 학생들은 어떤 공통점이 있을까요? 또한 공부를 못하는 핵생들의 이유는 무엇일까요? 이 글을 읽는 학생이라면 누구나 궁금해하고 관심을 갖는 문제입니다. 그런데 여기에는 반드시 근거가 있습니다. 바로 습관의 차이입니다. 그러고 보면 습관이 최고의 공부법이라는 걸 알 수 있습니다. 일찍이 아리스토텔레스도 말했습니다. “인간은 반복된 습관의 동물이다”

Gretchen Rubin은 수백 명의 사람들을 조사하면서 습관에 관해 사람들은 대략 네 가지 성향으로 구분된다는 사실을 발견했습니다.

첫째, ‘준수형’으로 자신 혹은 타인이 정한 기준대로 행동하는 유형입니다. 원칙을 정해 습관을 행할 때 효과가 높다고 합니다.
둘째, ‘강제형’으로 통제 장치가 있어야 습관을 지키는 유형입니다. 누군가 지켜보고 있으면 행동을 고치는 유형이라고 합니다.
셋째, ‘의문형’으로 의문을 제기한 후 스스로 납득을 해야 실행에 옮기는 유형입니다.
넷째, ‘저항형’으로 규칙과 통제를 거부하는 유형입니다. 누군가 시켜서가 아니라 스스로 원하는 행동을 자기 방식대로 처리하는 유형입니다.

여러분은 이 네 가지 유형 중에서 어떤 유형에 해당됩니까? 잘 비교해 보고 성적을 향상시켜나갈 수 있는 내게 맞는 좋은 습관을 길들여가기 바랍니다. “습관은 처음에는 거미줄처럼 가볍지만 이내 쇠줄처럼 단단해진다”고 탈무드에 나와 있습니다. 그러고 보면 “성적은 습관의 산물”이라고 볼 수 있습니다.

덩치 큰 코끼리를 먹는 것과 공부하는 것과는 비슷한 공통점이 있습니니다. 바로 습관입니다. 또한 큰 목표를 이루는 습관 중에 “Elephant Technic”이 있습니다. 커다란 문제를 작게 잘라서 단계적으로 해결해 나가는 방법입니다. 코끼리를 한 입에 먹을 수 있는 학생이 있습니까? 만약 그런 학생이 있다면 내가 코끼리 한 마리를 선물하겠습니다.

코끼리는 한 번에 먹기에는 너무나 덩치가 크죠. 하지만 오늘은 코, 내일 꼬리, 다음 달에 뒷다리를 조금씩 잘라서 먹겠다고 습관을 들이면 언젠가는 한 마리를 다 먹을 수 있습니다. 공부도 이와 같은 원리입니다. 하루아침에 덩치 큰 코끼리를 다 먹어치울 수 없는 것처럼 모든 공부를 마무리할 수는 없습니다. 1년에 단어 4800개를 외우겠다는 목표를 실천하기는 어렵지만 한 주에 100개, 하루에 14개 정도씩 외워 나간다면 결국 목표를 이룰 수가 있습니다.

이처럼 코끼리를 잡아먹겠다는 큰 목표를 세우고 단계적으로 쪼개서 매일 조금씩 먹을 수 있는 "Elephant Technic" 습관을 길들여 나간다면 코끼리 덩치처럼 성적이 쑥쑥 올라가는 가지 않을까요? 나도 학창 시절에 성적이 오르지 않아서 방황한 적이 있었습니다. 그런데 좋은 선생님을 잘 만나면서 나쁜 공부 습관을 고친 덕분에 좋은 성적을 얻을 수 있었습니다. 또한 30년간 학생들을 가르치면서 공부 잘하는 학생들의 공통점은 바로 좋은 공부 습관을 갖고 있다는 것을 알게 되었습니다. 성적을 향상시키는 기본 원리인 예습과 복습 그리고 메모하기와 선생님의 수업을 잘 경청하기 등 이 모든 과정에 적합한 습관을 들여 나가야만 공신이 될 수 있습니다.

"서경(書經)"에 습여성성(習與性成)이라는 말이 나옵니다. '습관이 몸에 배면 타고난 천성과 같이 된다'는 뜻이죠. "논어(論語)"에는 성상근야 습상원야(性相近也 習相遠也)라는 말이 있습니다. '인간의 천성은 비슷하나, 습관에 의해서 커다란 차이가 생긴다'는 뜻입니다. 결국 여러분들의 성적은 다 비슷비슷합니다. 그러나 매일매일 누가 습관적으로 공부해 나가느냐에 따라서 엄청난 차이를 보일 수 있다는 것입니다.

그래서 인간은 습관의 동물, Homo Habiticus라고 불러야 한다는 주장이 있습니다. 그러고 보면 공부는 지능의 산물이 아니라 습관의 산물입니다. 그래서 '작은(Tiny) 습관이 운명(Destiny)을 결정한다'고 말합니다. Destiny(운명) 안에 Tiny(작은 것)가 있는 이유가 여기에 있습니다. 주변 환경을 탓하지 말고 좋은 습관을 들여보세요. 그 습관이 여러분들의 성적을 쑥쑥 올라가게 할 것입니다. 불파불립(不破不立)이라는 말이 있습니다. 나쁜 습관을 깨지 않으면 설 수 없다는 뜻입니다. 공부도 마찬가지죠. 내가 학생들하고 공부 문제로 상담할 때 가장 많이 인용하는 말입니다.

*** 이 글에 대한 토의 사항**

구분	내용
나의 좋은 습관 나누기	
나의 버려야 할 습관 찾아내 토의하기	
인간의 습관의 동물이라는 말에 대해 토의해 봅시다.	

10. 問이 門을 열어준다

“암이라는 단어가 어떻게 생겼을까요?” 암암리에 생긴다고 해서 생긴 것 아닐까요? 어떤 사람이 암에 걸렸는데 막 울다가 기도를 했답니다.

> “주여 정말 고치지 못할 불치병이 있습니까?”
> 그랬더니 신이 이렇게 말했습니다.
> “암”
> 만약에 이 환자가 이렇게 기도했다면 어땠을까요?
> “주여, 이 땅에 고치지 못할 불치병은 없는거죠?”
> 아마 신은 이렇게 말할 것입니다
> “암!”

그러니 잘 물어야 합니다. “암과 암!”은 천지차이기 때문입니다. 묻는 것이 곧 답, 즉 問卽答(문즉답)이기 때문입니다. “問이 門을 열어줍니다”

암의 원인은 스트레스 때문이라고 합니다. 그렇다면 암의 천적은 뭘까요? 바로 웃음이라고 합니다. 웃음은 암세포도 죽인다고 하죠. 이미 의학적으로 입증이 된 사실입니다. 그래서 웃음을 신이 준 선물이라고 하나 봅니다. 그런데 웃지 않는 사람에게 그 선물이 무슨 소용이 있을까요. 그러니 ‘암이라는 우울한 말보다는 늘 암!’ 하며 감탄하며 사는 습관이 필요합니다.

세상에 스트레스적인 상황은 없다고 합니다. 다만 스트레스적인 반응만 있다고 하죠. 그러니 긍정적인 반응을 하며 살아야 합니다. 그래서 행복은 “E+R=O”라고 하는가 봅니다. 어떤 사건(Event)에 어떤 반응(Response)을 보이는가에 따라 그 결과(Outcome)가 달라진다는 거죠.

2004년 예일대 연구팀도 긍정적 사고를 하는 자가 부정적인 사고하는 자보다 7.5년 더 사는 것으로 조사결과를 발표한 바 있습니다. 수명을 연장하고 건강하게 오래사는 것, 그것은 재산이나 명예, 직업이나 학력과는 전혀 무관하다는 것입니다. 오늘 주어진 일에 긍정적인 삶을 사는 것, 이것이 그 비결이 아닐까요?

그러고 보면 웃음이 놀라운 기적을 안겨 줍니다. 그 기적을 믿지 못하고 활용하지 못하는 우리들이 무지몽매한 것 아닐까요? 그런데 인류 역사상 기적을 가장 많이 일으킨 사람은 누구일까요? 예수일까요, 기관사 아닐까요? 그런데 진짜 기적은 각자 삶의 가치를 소중히 여기고 소명을 깨닫고 감사하게 여기면서 사는 것이라고 합니다.

큰 기적소리를 울리는 것이 아니라 늘 내적으로 기적을 울릴 때 이것이 참된 삶이 아닐까요? 스스로 "암!" 하고 감탄할 수 있는 삶을 살도록 힘쓰는 것이 일상의 기적입니다. 선생님이 아이들을 볼 때마다 "암!" 하고 감탄하며 칭찬한다면 이것이 곧 내 인생의 기적으로 연결되지 않을까요?

11. 자존감부터 높여라

자존감이란 무엇일까요? 자존감 높이기 운동이 벌어지는 이유는 또한 무엇일까요? 오늘은 자존감과 공부와의 관계에 대해서 이야기를 나누고자 합니다. 머리도 좋고 가정 환경도 괜찮은데 성적이 오르지 않는 학생들이 있습니다. 일류대를 나오고 똑똑하다고 인정받는데도 불구하고 성공하지 못하는 사람들이 있습니다. 비싼 돈과 시간을 투자하고 유학을 다녀왔음에도 불구하고 직장에 적응하지 못하는 사람들도 많습니다. 도대체 이들의 공통점은 무엇일까요? 전문가들의 연구 자료를 보면 이들의 공통점은 실력이 아니라 자존감 부족으로 나타나고 있습니다.

나는 주기적으로 서점을 방문하는데 서점에 가보면 자존감에 관한 책이 유달리 많습니다. 이런 책이 많다는 것은 결국 우리나라 사람들의 자존감이 떨어져 있다는 것을 반증하는 이야기이기도 합니다. 왜 실력은 뛰어난데 자존감이 없을까요? 오늘은 여러분들의 자존감을 높이는 방법에 대해서 함께 이야기를 나누고자 합니다. 자존감을 높이는 것이 또한 실력을 향상시키는 공부법의 비결이기 때문입니다.

그동안 학생들을 가르치면서 쭉 상담해보고 지켜본 결과 머리가 좋음에도 불구하고 성적이 오르지 않는 학생들이 많습니다. 부모님의 지원도 적극적이고 주변의 환경이 좋음에도 불구하고 성적이 항상 그 자리에 있는 학생들도 있습니다. 본인도 열심히 한다고 하는데 성적이 늘 제자리에서 맴도는 학생들도 있습니다. 이들의 공통점이 무엇일까요? 역시 자존감이 부족하다는 것입니다. 그래서 나는 학생들을 상담할 때 자존감을 진단해 봅니다. 혹시 자존감이 부족해서 성적이 오르지 않는 것은 아닌지 말입니다.

자존감이 높을수록 성적이 높다는 연구결과는 수도 없이 많습니다. 여러분들이 스스로 자존감을 높여야 하는 이유가 여기 있습니다.

"낮은 자존감은 계속 브레이크를 밟으면서 운전하는 것과 같다"고 막스웰 말츠는 말합니다. 공자도 "자신을 사랑하면 다른 사람도 자신을 사랑할 것"이라고 강조했습니다.

모두의 삶이 전설입니다. 그러나 자존감이 무너진다면 설전만 있을 뿐입니다. 자존감이 높은 사람만이 주연이 됩니다. 주연이 되어야 원하는 인생을 연주할 수 있습니다. 자존감이 무너지면 타인의 가치관이 그 역할을 대신하기 마련인데 이를 심리학에서는 "내사(introjection)"라고 부릅니다. 이는 타인이 내 안에 살게 된다는 것입니다.

결국 자존감이란
"자신의 존재가치에 감동"하는 거 아닐까요!
자존심은
"자신의 존재를 심각"하게 생각하는 것이고
자존감은
"자신의 존재에 감동"하는 것입니다
심각하게 생각하면 심각한 결과가 나타나고,
감동하면 감탄할 일이 일어납니다.

자존감을 높이는 가장 좋은 비결은 자신을 사랑하는 것입니다. 내가 나를 사랑하지 못하는데 누가 나를 사랑할까요. 또한 나를 사랑하지도 못하면서 어떻게 타인을 사랑할 수 있을까요. 이것이 애기애타(愛己愛他) 아닐까요? 내가 나를 사랑하지 않고 인정하지 못하는 상태에서는 공부는 말할 것도 없고 다른 일도 제대로 풀어나갈 수가 없습니다. 여러 연구결과에 의하면 자존감이 높은 사람들은 학생이든, 어른이든, 노인이든 어떤 환경에 있든지 간에 우선 자기 자신을 사랑한다는 것입니다.

그동안 공부 잘하는 학생, 공부 못하는 학생, 성적이 오르지 않아 방황하는 학생을 대하면서 자존감이 높은 학생들은 다음과 같은 특징이 있다는 것을 발견할 수 있었습니다. 나는 이것을 "자존감 높은 학생들의 열 가지 특성"이라 부릅니다. 그리고 오고 가는 학생들이 읽고 깨달을 수 있도록 학원 복도에 붙혀 놓았습니다. 다음 열 가지 특성을 읽어보면서 나는 어느 정도 자존감이 높은지 혹은 낮은지 진단해 보기 바랍니다.

- 나는 주변 환경을 탓하지 않는다.
- 나는 부모님을 탓하지 않는다.
- 나는 친구들과 비교하지 않는다.
- 나는 자신에 대한 믿음이 강하다.
- 공부할 때나 놀 때 몰입을 잘한다.
- 나는 성적에 대해서 지나치게 서두르지 않는다.
- 얼굴이 밝고 잘 웃는다
- 나는 어떠한 상황에서도 나를 사랑하고 인정한다.
- 매사에 긍정적이며 적극적이다.
- 나는 미래를 밝게 보며 꿈이 크다.

온갖 장애를 딛고 일어선 헬렌 켈러는 우리에게 이런 말을 했습니다. "절대 고개를 떨구지 말고 세상을 똑바로 바라보라" 나는 이 말을 이렇게 해석합니다. 공부란 머리로만 하는 것이 아니고 마음가짐으로 하는 태도에 좌우됩니다. 그러니 자존감을 가질 때 성적도 쑥쑥 올라갈 수 있습니다. 자존감을 높여보세요. 그러면 공부는 재미있고 성적은 몰라보게 올라갈 것입니다.

*** 이 글에 대한 토의 사항**

구분	내용
자존감이 낮은 사람들의 특성을 토의해 봅시다.	
자존감이 높은 사람들의 특성을 토의해 봅시다.	
자존감 향상이 왜 중요한지 토의해 봅시다.	

12. 인사를 잘해야 인상이 좋아지고 인상이 좋아야 인생이 풀린다

인사를 잘하지 않는 시무룩한 학생에게 교수가 주의를 주었다. "학생, 교수와 마주치면 인사 좀 하게" 그러자 그 학생은 굳은 얼굴로 이렇게 말했다. "저는 마음에 없는 인사는 하지 않습니다" 그러자 교수가 말했다. "인사하라는 게 아니야. 자네 얼굴은 어두운 느낌을 주니까 마주치지 않도록 머리를 숙이라는 걸세"

요즘 학생들의 단면을 보는 것 같죠.. 인사의 기본 예의마저 사라져 가는 것 같아 가슴 아픕니다. 인사는 대인관계의 시작입니다. 그러므로 상대에 대한 존경의 표시이기도 합니다. 인사를 통하여 우리는 끊임없는 관계를 만들어가고 의지하며 미래를 열어가는 것입니다. 인사를 잘하는 것만으로도 그 사람의 품격을 엿볼 수 있다는 말은 언제 들어도 의미심장합니다. 아무리 머릿속에 든 것이 많아도 인사성이 없으면 인성이 바르다고 말할 수는 없을 것입니다. 특히 요즘 기업이나 사회에서 인성이 뛰어난 인재를 선호하고 그런 사람이 인정받는다는 것은 주지의 사실입니다. 그런 면에서 인사는 받는 사람을 기분 좋게 할 뿐 아니라 인사하는 사람의 가치를 높이는 기술이라고 말할 수 있습니다.

첫째, 인사는 인상을 좋게 한다.

즐거운 마음으로 인사하면 받는 사람보다 분명 행복할 것입니다. 그러므로 인사를 잘 하면 인상이 좋아집니다. 인사는 만남의 시작이며 상대에 대한 존중의 표시입니다. 학생이 교수님에게 인사를 잘하는 것은 의무사항이 아닙니다. 이는 기본 예절입니다. 교수님을 존경하라는 말이 아닙니다. 그런 인사 습관을 통하여 자아를 형성해 나갈 수 있는 것입니다. 인사가 자신의 인상을 좋게 한다면 이보다 더 좋은 기술이 어디 있겠습니까.

둘째, 인상이 좋아야 인생이 열린다.

좋은 인상은 좋은 인생을 만듭니다. 아니 인상이 좋아야 좋은 인생을 열어갈 수 있습니다. 그만큼 세상살이에서 좋은 인상이 갖는 의미는 상상 이상으로 큽니다. 이는 비즈니스나 소개팅, 면접뿐 아니라 심지어 전장에서도 밝혀진 사실들입니다. 세익스피어는 "웃음은 천 가지 해를 없애준다"고 말했습니다. 이처럼 웃으면서 인사를 한다면 인생은 스스로 열리게 될 것이 분명합니다. 인사로 인상만 바꾸어도 인생은 저절로 달라질 것입니다.

셋째, 첫인상은 두 번 줄 수 없다.

이는 오랫동안 전해 내려오는 서양속담입니다. 첫인상은 두 번 줄 수 없다는 말은 첫인상은 끝 인상이라는 의미를 담고 있습니다. 첫인상이 좋으면 끝까지 가지만 좋지 않으면 그것으로 끝이라는 말입니다. 이렇듯 첫인상을 결정하는 것은 제대로 된 인사에 있다고 볼 수 있습니다. 인사는 단지 주고받는 차원을 넘어 호감과 신뢰를 주고 자신의 이미지를 전달하는 의미를 담고 있습니다.

넷째, 웃으면서 인사하면 효과가 열 배 크다.

인사는 단지 머리를 숙이는 것 이상이어야 합니다. 웃으면서 친절하게 인사하면 상대의 닫힌 마음을 열고 소통의 길을 여는 것입니다.

"가장 무서운 소는?"
"무섭소"
"가장 말을 잘 듣는 소는?"
"알았소"
"가장 아름다운 소는?"
"미소"

다섯째, 미소는 최고의 유니폼이다.

우리 학과 복도에 대형 거울이 걸려 있습니다. 그 거울 상단에는 이런 문구가 새겨져 있습니다. "거울 속의 당신은 절대 먼저 웃지 않습니다" 나는 수시로 오가는 학생들을 거울 앞으로 데려 갑니다. 그리고 이 문구를 힘껏 외치게 합니다. 그리고 묻습니다. "그럼 누가 먼저 웃어야 하죠?" 그러면 학생들은 일제히 외칩니다. "내가 먼저요" 내가 먼저 웃으면서 인사하는 습관은 졸업 후에는 경쟁력이 되고 원만한 인간관계를 만들어가는 큰 힘이 되리라 믿습니다.

여섯째, 인사는 고개를 숙이는 것만 의미하지 않는다.

인사에도 법칙이 있습니다. 그저 고개를 숙이는 것이 인사는 아닙니다. 인사를 제대로 하는 것은 자신의 인격을 드러내는 것이며 인성을 세상 사람들에게 말해주는 것입니다. 이제 제대로 된 인사법을 익혀서 존경과 신뢰를 쌓아가는 단계를 밟아가야 합니다.

잘못된 인사는 이런 경우입니다.

- 망설이는 듯한 인사
- 자신감이 없는 인사
- 말로만 하는 인사
- 고개만 끄덕이는 인사
- 형식적인 인사
- 마지못해 하는 인사

인사의 5대 원칙을 익혀 실천해 봅시다.

- 내가 먼저
- 상대방의 눈을 쳐다보고 미소 지으며
- 부드럽고 따뜻한 언어로
- 존경심을 갖고
- 정숙한 자세로

일곱 번째, 인사는 관계지수를 높인다

다니엘 골만은 "인생의 성공은 20%의 지능 지수와 80%의 감성지수"라는 연구결과를 밝힌 바 있습니다. 한 마디로 대인관계를 잘 맺어야 한다는 것입니다. 나는 그 대인관계 지수를 높이는 비결이 인사에 있다고 믿습니다. 하루의 시작은 결국 인사로 시작해서 인사로 마무리됩니다. 가정에서는 "안녕히 주무셨어요?"로 시작해서 "안녕히 주무세요"로 하루가 정리됩니다. 인사를 잘하는 것만으로도 자신의 가치를 무한정 높일 수 있습니다. 상대방보다 1초 먼저 인사하기 위해 노력해 보세요. 반드시 그 보답이 자신에게 되돌아 올 것입니다. 인사는 상대를 인정해주는 것이기도 하지만 내가 인정 받는 길임을 잊지 말아야 합니다. 그래서 나는 강의할 때마다 학생들에게 이렇게 주문합니다. "인사를 잘해야 인상이 좋아지고, 인상이 좋아야 인생이 열린다" 인사를 받는 사람보다 인사를 잘하는 사람이 인정받는다는 사실을 명심해야 합니다.

13. 사고를 전환해야 리더가 된다

인간의 존재를 표현할 때 혹은 다른 동물과 인간을 구분할 때 가장 많이 사용되는 단어는 무엇일까요? Think입니다. "사피엔스"의 저자 유발 하라리는 이것을 인지혁명이라고 했습니다. 생각의 혁명을 통해서 지구의 강자가 되었다는 것입니다. 나폴레온 힐은 백만장자들의 생활 습관과 성공 비결을 분석한 결과 세계적으로 가장 많이 팔린 동기부여 책을 냈습니다. 바로 "Think and grow rich"입니다. 생각하면 누구나 원하는 대로 성공할 수 있다는 실증적인 책입니다. We become what we think about(우리는 생각하는 바대로 된다). 미국의 동기부여가 Earl Nightingale의 말입니다. 생각한 대로 된다는 것은 우리 자체가 곧 생각이라는 뜻입니다.

파스칼은 "인간은 생각하는 갈대"라고 했습니다. 갈대는 약합니다. 하지만 아무리 바람이 불어도 쓰러지지 않고 부러지지 않습니다. 그 안에 생각하는 힘이 있기 때문입니다. 뒤집어 이야기하면 인간이 생각하는 힘이 부족할 때 갈대처럼 연약한 존재가 될 수 있다는 것입니다.

Think inside the box and Think outside the box.

기존 관습대로 생각해보고 또 상자 밖에서 생각해보는 것입니다. 내 안에서 생각한 것을 사회적인 시각으로 밖에서 다시 한번 생각하는 것입니다.

I think therefore i am(나는 생각한다. 고로 존재한다). 데카르트의 이 말은 생각이 모든 것임을 말해줍니다. 철학자 베르그송은 이렇게 말했습니다. "사색인으로 행동하고, 행동인으로 사색하라" 생각과 행동이 분리되는 것이 아니고 하나가 되어야 한다는 것입니다.

그럼 AI시대, 4차 산업혁명, 메타버스, 코로나 위기에 살고 있는 우리는 어떻게 생각해야 할까요? 바로 '싱크어게인(Think again)'입니다. 다시 생각하기를 통해서 다시 거듭나야 합니다. 다시 과거로 돌아가는 것이 아니라 점검하는 것이고 수정하는 것이며 보완하는 것입니다. 다시 생각하기와 그냥 생각하기가 문명을 가를 것입니다.

심리학자는 사람은 기본적으로 정신적 구두쇠(Mental miser)라고 지적합니다. 새로운 것을 붙잡고 어렵게 짤짤매기보다는 기존의 의견이나 생각에 안주하는 손쉬운 쪽을 자주 선택한다는 것입니다. 다시 생각하기와 자기가 알고 있는 것들을 버릴 수 있는 기술과 관련된 능력이 필요합니다. 구두쇠처럼 낡은 지식이나 믿음체계를 버리지 못하면 다시 생각할 수 없기 때문입니다.

생각하는 데 보내는 시간만큼이나 많은 시간을 다시 생각하기에 힘써야 합니다. 다시 생각하기는 일련의 기술인 동시에 마음가짐이기도 합니다.

연구결과에 따르면 지능 지수가 높은 사람일수록 고정관념들에 빠져들 가능성이 더 높다고 합니다. 대상의 패턴을 보다 빠르게 인지하기 때문입니다. 심리학에서 이런 패턴을 추구하는 편향이 있는데 하나는 확증편향(Confirmation bias)이고 다른 하나는 자신이 보고 싶은 것만 바라보는 소망 편향(Desirability bias)입니다. 그럼 편향에서 벗어나는 비결은 무엇일까요?

나도 틀릴 수 있다는 자신에 대한 냉철한 인식입니다. 자신을 감싸고 도는 본능적인 틀에서 벗어날 때 편향에서 벗어날 수 있습니다

그럼 가장 무서운 편향은 무엇일까요? "나는 편향에 빠지지 않았다는 편향"이라고 합니다.

문제는 똑똑한 사람일수록 이 편향의 덫에 더 잘 빠진다는 것입니다. 똑똑한 사람일수록 자신의 한계를 바라보기가 어렵다는 뜻이죠. 생각을 잘하는 사람일수록 다시 생각하기에 서툴 수 있습니다. 다시 생각하기의 진정한 의미는 무엇일까요? 다시 생각하기는 자기 자신과의 소통, 세상과 상대방에 대한 이해의 기술입니다. 전혀 다른 입장에 서 있는 사람들과의 논쟁에서 어떻게 서로의 의견을 조율하고 상대방과 조화를 이룰 수 있는가, 화석화된 편견으로 고착된 상대를 어떻게 설득할 수 있는가 등을 통해 '지식'이란 무엇이고, '지혜'란 무엇인가를 '다시 생각'하게 합니다. 그러기 위해서는 터널시야에서 벗어나야 합니다. 터널시야란 터널 안에서 밝은 빛이 비추는 출구 외에 다른 것들은 눈에 들어오지 않는 현상입니다. 어떤 상황에서 다른 대안을 선택할 가능성을 우리 눈에 보이지 않게 만들 수 있는 현상으로 다시 생각하기를 방해하는 현상입니다. 터널시야를 갖게 되면 다른 대안을 갖지 못하고 오직 한 면만 바라보면서 달리는 현상입니다. 따라서 자신의 신념과 지식 체계만을 믿고 의지하며 다시 생각하기를 할 수 없게 된다는 것입니다. 터널 시야에서 벗어나는 것이 다시 생각하기의 기법입니다.(참고문헌: 애덤 그랜트, 싱크 어게인, 이경식 역 한국경제신문사. 2021)

* 이 글에 대한 토의 사항

구분	내용
나는 아날로그 사고를 하는가, 디지털 사고를 하는가?	
나는 일상적으로 생각하는가, 최선을 다해서 생각하는가?	
나는 현재 중심의 사고를 하는가, 미래 중심의 사고를 하는가?	
나는 상자 안에서 사고하는가, 상자 밖에서 사고하는가?	
나는 나 중심의 에고 사고를 하는가, 이타적인 사고를 하는가?	
나는 습관적인 사고를 하는가, 메타 사고를 하는가?	
나는 그냥 사고하는가, 다시 사고하는가?	

14. 철계하고 최선하라

一生之計 在於幼 (일생지계 재어유)
一年之計 在於春 (일년지계 재어춘)
(一日之計 在於寅) (일일지계 재어인)

명심보감에 나오는 말입니다. 일생의 계획은 유년기에 세우고, 일년의 계획은 봄에 세우고, 하루의 계획은 새벽에 세운다는 뜻입니다. 여러분들은 일생의 계획을 세우는 시기입니다. 여기서 유(幼)는 청소년기를 의미합니다. 요즘 호모 헌드레드(Homo hundred)시대, 즉 백년 인생이라고 말을 합니다. 여러분들은 120년 인생을 준비해야 될 세대입니다. 어떻게 계획을 짤 것인가. 이것은 어떤 결과로 이어질 것인가를 의미합니다. 일이나 공부 등 원활한 결과를 내지 못하는 이유는 계획이 잘못됐기 때문입니다. 계획을 세우고 그 계획에 따라 실천에 나간다면 어떤 목표도 이룰 수가 있습니다.

무엇보다도 계획의 중요성을 잘 알아야 합니다. 남보다 먼저 계획을 세워야 하고 그 계획이 조직에 흘러들어 성과를 낼 수 있도록 리드해 나가야 합니다. 공부를 잘하고 일을 잘하는 학생들의 특성은 남들보다 좋은 계획을 세우고 그 계획에 따라서 행동으로 옮긴다는 것을 발견했습니다. 또한 그 계획이 잘못됐을 경우 수정 보완해 나가면서 시행착오를 반복함으로써 좋은 결과를 얻을 수 있습니다.

- 나는 하루 계획을 세워서 공부하고 일하는가?
- 나는 일주일 계획을 세워서 공부하고 일하는가?
- 나는 한 달 계획을 세워서 공부하고 일하는가?
- 나는 한 학기 계획을 세워서 공부하고 일하는가?
- 1년 계획을 세워서 공부하고 일하는가?

한번 점검해 보기 바랍니다. 경영에서 가장 중요한 것은 어떤 계획을 어떤 시기에 어떻게 세우는 가에 좌우됩니다. 공부와 자기관리 또한 마찬가지입니다. 공부와 자기관리는 자기 경영이기 때문입니다. 계획이 없이 공부하고 일하는 것은 방황하는 것입니다. 그것은 지도나 나침반 없이 바다에 뛰어드는 것과 다를 바가 없습니다. 배짱이나 용기만 가지고는 부족합니다. 철저한 계획을 세워서 공부할 때 좋은 결과가 나온다는 것이 인과의 법칙입니다.

그런데 계획을 짤 때 주의해야 될 점이 몇 가지가 있습니다. 우선순위를 정하는 것입니다. 전체적으로 성적이 오르지 않는 학생들의 공통점은 자신이 좋아하는 교과목에만 집중한다는 것입니다. 하지만 그 과목 하나만 성적이 올라간다고 해서 전체 성적이 향상되는 건 아니죠. 자신이 평소에 어렵다고 생각했던 교과목을 중점적으로 파고들 수 있는 계획을 세워야 합니다. 그래야 전체적인 성적이 향상됩니다. 그리고 그 계획을 어떻게 실천할지 방법을 찾아야 합니다. 계획은 거창한데 방법이 시원치 않으면 성과를 내지 못하기 때문입니다. 이것이 용두사미입니다.

공부법을 지도하면서 이런 시행착오를 겪고 있는 학생들을 보면서 3P 공부법을 개발하게 됐습니다. 'Prioritize, Process, Performance'입니다. 즉 우선순위를 정하여 계획을 짜고 과정을 체계적으로 관리하여 성과를 내는 것입니다. 3P가 균형이 있게 움직일 때 비로소 안정적으로 성적이 향상된다고 볼 수 있습니다.

리치호 워드가 제시한 전략인 GOST 프레임워크도 공부계획을 짜는 데 도움을 줍니다

- G－Goal(목적)
- O－Objective(목표)
- S－Strategy(전략)
- T－Tactic(전술)

첫째인 목적은 표적입니다. 무엇인가를 성취하고자 하는지 포괄적으로 설명하는 용어죠. 이를테면 'SKY 대학에 들어간다. 수능 1등급으로 유학간다'와 같이 포괄적인 목표라고 할 수 있습니다. 다음은 목표입니다. 목표는 무엇을 성취할 것인지 설명하는 것입니다. 목표를 설정한 그 다음은 전략과 전술입니다. 예를 들어 부산에 가는 것을 전략이라고 한다면 부산에 가는 다양한 방법을 전술이라고 할 수 있습니다. 전술은 상황에 따라 다양하게 선택할 수 있습니다. 기차로 가는 방법, 비행기로 가는 방법, 걸어서 가는 방법, 자전거 타고 가는 방법, 버스 타고 가는 방법 등 다양한 방법을 선택할 수 있습니다. 공부도 이와 같은 원리를 따른 수 있습니다. 그리고 'Plan－Do－See'기법으로 계획, 실천, 평가해보면 더 나은 성과를 이룰 수 있습니다.

미국 스크랜튼 대학 연구팀에 의하면 3분의 1이 1월이 가기 전에 새 목표를 포기하고 1년 뒤 목표를 완수하는 사람은 8%에 불과하다고 합니다. 무엇이 문제일까요? 너무 거창한

계획을 세우기 때문이라고 합니다. 그래서 전문가들은 새해 결심 대신 월요일 계획을 추천합니다.

사람들은 심리적으로 1월 1일을 특별하게 생각하지만 우리 뇌는 매달 1일, 매주 월요일도 똑같이 시작하는 날로 받아들인다고 합니다. 이를 활용해 매주 월요일 주간 계획을 세우는 것이 효율적이라는 것입니다. 우리 뇌는 매주 월요일이면 기꺼이 새로운 일을 시작할 준비가 되어 있다는 주장입니다. 특히 월요일 결심의 가장 큰 장점은 실천 가능한 계획을 세우고 제한된 시간에 목표를 이룰 수 있게 해 줍니다.

새해는 1년에 딱 한 번 오지만 월요일은 7일마다 한 번씩 돌아옵니다. 1년에 52번이나 계획을 세울 수 있는 장점이 있습니다. 그래서 '새해 결심보다 월요일 결심이 52배가 낫다'는 이론입니다. 그러니 월요일 하루만 바꿔도 공부의 질이 달라질 수 있지 않을까요?

코끼리를 통째로 먹겠다는 계획을 세우지 말고, 매주 월요일에 금주에는 어느 부위를 어느 정도 먹겠다고 결심하는 사람이 결국은 성취합니다. 실제로 1년 학습계획보다 주간학습계획이 성적관리에 효과적이라는 연구결과가 많습니다

'Thanks God, It's Monday'

이것이 TGIM 계획법입니다. TGIF가 주말계획에 효과적이듯 TGIM은 한 주 공부계획에 특효가 있습니다. 그리고 계획을 세울 때는 '힘차게－당차게－벅차게' 세워야 합니다. 그리고 공부에 방해되는 것들은 걷어차게 세워보세요. 지속적으로 성적이 향상되는 학생들은 '철저한 계획을 세우고 최선을 다한다'입니다. 이것이 내가 주장하는 '철계최선' 계획법입니다. '운은 계획에서 비롯된다'는 브랜치 리키의 말을 믿어 보기 바랍니다.

*** 이 글에 대한 토의 사항**

구분	내용
Goal(목적)	
Objective(목표)	
Strategy(전략)	
Tactic(전술)	

15. 자신의 리더십을 SWOT분석하라

*** 이 글에 대한 토의 사항**

구분	내용
Strength(강점)	Weakness(약점)
Opportunity(기회)	Threat(위협)
SO(강점기반 기회 살리기)	
ST(강점기반 위협 극복)	
WO(약점보완 기회 살리기)	
WT(약점 보완 위협급복)	

16. 시간관리를 잘해야 인생이 열린다

'경영 발명자' 또는 '경영학의 아버지'라 불리는 피터 드러커를 모르는 사람은 없습니다. 프레드릭 테일러가 '과학적 관리법'으로 20세기 기업가에게 큰 영향을 끼쳤다면, 피터 드러커는 '지식 근로자'라는 개념으로 21세기 경영의 개념을 완전히 바꾸면서 경영자와 경영학자들에게 지대한 영향을 끼쳤다고 볼 수 있죠.

그럼 피터 드러커(Peter Drucker)는 일을 잘하기 위해서 어떻게 하는 것이 중요하다고 말했을까요. 그는 다양한 방법으로 일 잘하는 사람들을 수십 년간의 연구와 관찰을 통해 분석한 결과 이렇게 단언합니다. "일의 효율을 높이고 목표를 달성하는 데 타고난 사람은 없다. 다시 말해 지능이 높다거나 열심히 일한다거나 지식이 많다고 해서 일을 잘할 수 있는 것은 아니다. 오히려 몇 가지 습관이 목표를 달성하는 데 더 중요하다"고 강조합니다.

지식이 아무리 중요하다 해도 그것을 활용하여 결과를 산출하는 습관을 몸에 익히지 않으면 업무 수행에 아무런 도움이 되지 않는다는 것이 그의 철학입니다.

"피터 드러커의 자기경영 노트"에서 그가 제시한 일을 잘 하기 위한 다섯 가지 방법과 그에 따른 습관은 다음과 같습니다.

1. **시간을 관리하는 방법**: 체계적인 관리를 통해 자신의 시간을 효율적으로 활용한다. 시간이란 자원은 남에게서 빌려올 수도 없고, 돈을 주고 살 수도 없으며, 저장해 놓을 수도 없다.
2. **성과를 높이는 방법**: 업무 그 자체가 아니라 결과에 두고 전력을 기울인다. 다시 말해 일하는 기법과 도구는 물론, 해야 할 일에 대한 높은 목표를 설정하고 전력을 기울인다.
3. **강점을 활용하는 방법**: 자신의 강점, 상사 · 동료 · 부하의 강점, 그리고 그때그때의 상황에 따른 강점을 바탕으로 한다. 약점을 기반으로 성과를 올릴 수는 없다.
4. **업무의 우선 순위를 결정하는 방법**: 업무의 우선 순위를 스스로 결정하고, 그 결정을 고수한다. 중요한 일을 먼저 처리하라는 것이다.
5. **지혜로운 의사결정을 내리는 방법**: 근본적인 의사결정 시스템이 필요하다. 즉 사실에 대한 만장일치의 의사결정보다는 다양한 의견에 기초해 판단을 내린다.

지능이나 지식보다는 이런 습관을 익힐 때 경쟁력을 발휘할 수 있다는 것입니다. 결국 3M이 일 잘하는 사람들의 특성이라는 것입니다. 다섯 가지 Mindset(태도)으로 Motivation

(동기부여)되면 Move forward(전진)할 수 있다는 의미 아닐까요? 더 큰 성과를 높이기 위해서는 지식보다 다섯 가지 Mindset 리더십이 중요하다는 것을 알 수 있습니다.

*** 이 글에 대한 토의 사항**

구분	내용
나의 시간관리 특성은?	
시간의 가치 나누기	

17. 자신을 아는 것이 리더십의 시작이다

청춘이란 인생의 어떤 한 시기가 아니라
마음가짐을 뜻하나니
장밋빛 볼, 붉은 입술, 부드러운 무릎이 아니라
풍부한 상상력과 왕성한 감수성과 의지력
그리고 인생의 깊은 샘에서 솟아나는 신선함을 뜻하나니

청춘이란 두려움을 물리치는 용기,
안이함을 뿌리치는 모험심,
그 탁월한 정신력을 뜻하나니
때로는 스무 살 청년보다 예순 살 노인이 더 청춘일 수 있네.
누구나 세월만으로 늙어가지 않고
이상을 잃어버릴 때 늙어가나니

세월은 피부의 주름을 늘리지만
열정을 가진 마음을 시들게 하진 못하지.
근심과 두려움, 자신감을 잃는 것이
우리 기백을 죽이고 마음을 시들게 하네.
그대가 젊어 있는 한
예순이건 열여섯이건 가슴 속에는
경이로움을 향한 동경과 아이처럼 왕성한 탐구심과
인생에서 기쁨을 얻고자 하는 열망이 있는 법,

그대와 나의 가슴 속에는 이심전심의 안테나가 있어
사람들과 신으로부터 아름다움과 희망,
기쁨, 용기, 힘의 영감을 받는 한
언제까지나 청춘일 수 있네.

영감이 끊기고
정신이 냉소의 눈[雪]에 덮이고
비탄의 얼음[氷]에 갇힐 때
그대는 스무 살이라도 늙은이가 되네
그러나 머리를 높이 들고 희망의 물결을 붙잡는 한,
그대는 여든 살이어도 늘 푸른 청춘이네.

사무엘 울만이 "청춘"입니다.

* 이 시를 읽고 느낀 점과 나의 리더십에 미친 영향을 나누어 보고 토의해 봅시다.

18. Leader는 Reader가 되어야 한다

배움이란 무엇일까요?

"인간을 한마디로 정의한다면 배우는 존재다. 우리의 뇌는 어떻게 배우는가?
라틴어에서 온 영어 단어 중에서 Learning(배움 또는 학습)은 Apprehending(체포 또는 검거, 배움 또는 이해, 붙잡음)과 뿌리가 같다. 즉, 배움이란 현실의 일부를 움켜쥐어 그걸 우리 뇌 안으로 가져오는 것이다. 우리가 배운다는 것은 단순히 정보나 지식을 습득하는 것을 넘어 세상을 우리 뇌 속에 구축하는 일인 셈이다"

스타니슬라스 드앤의 "우리의 뇌는 어떻게 배우는가"에 나오는 글입니다.

그는 "배움의 진수는 예기치 못한 상황들에 최대한 빨리 적응할 수 있게 해주는 것이다. 따라서 배운다는 것은 결국 예측 불가능한 것을 줄이는 작업"이라고 주장합니다.

호모 사피엔스와 더불어 인간에게 가장 적합한 학명은 바로 호모 도센스(Homo docens, 가르치는 인간)라 할 수 있을 것입니다. 인간은 사유에 머무르지 않고 가르치고 배우기 때문입니다.

인간이 가진 폴리매스적 기질은 바로 이 가르치고 배우는 기질에서 시작된다고 해도 과언이 아닙니다. 새로운 지식을 배우고, 그 지식을 활용하는 과정 속에서 오류를 최소화하며, 새로운 가능성을 만드는 학습 능력 덕분에 오늘날 인간은 눈부시게 발전하여 지구의 최상위 군림자로 자리 잡을 수 있게 되었습니다.

그는 배움에는 네 개의 기둥이 있다는 이론을 내세웁니다. 네 가지 필수 메커니즘이 우리의 학습 능력을 좌지우지한다는 것입니다.

첫째, Attention(주의)

적절하다고 보는 신호들을 선정하고 확대하고 전파하는 뇌 회로들의 세트로 기억 속에서 그 신호들의 영향력을 100배 증가시켜 줍니다.

둘째, Active engagement(적극적인 참여)

소극적인 유기체는 거의 아무것도 배우지 못합니다. 배우려면 동기와 호기심을 가지고 적극적으로 이런저런 가설을 만들어야 합니다.

셋째, Error feedback(에러 피드백)

세상이 예측과 전혀 달라 깜짝 놀랄 때마다 뇌에서는 에러 신호들이 퍼집니다. 그리고 그 신호들이 우리의 내부 모델을 바로잡고 부적절한 가설들을 제거하며 가장 정확한 가설들로 안정화시킵니다.

넷째, Consolidation(통합)

시간이 지나면 뇌는 획득한 것들을 모아 장기기억으로 보내며 뇌 신경 원천들을 풀어 추가 학습을 합니다. 이 통합 과정에서는 반복이 중요한 역할을 합니다.

또한 놀이와 호기심, 사회화, 집중 그리고 수면과 관련된 아주 간단한 아이디어들이 우리의 뇌에 가장 큰 재능인 배움과 학습 능력을 키워줄 수 있다고 주장합니다. 이 글을 통해서 나의 배움 자세와 방향을 점검해 봅시다.

19. 서비스 리더란 고객에게 의미 있는 일을 하는 사람이다

욕망을 충족시키기 위해 일하는 사람도 있고
의미를 얻기 위해 일하는 사람도 있다
욕망이 생물학적이라면 의미는 문화적이다
욕망이 현재적이라면 의미는 회고적이고
욕망이 즉각적이라면 의미는 과거와 현재와 미래를 연결하는 긴 과정이다

욕망과 달리 의미는 일의 말미에서 찾아온다
생의 마지막 순간에 흘리는 참회의 눈물처럼
시간의 끝자락에서 발견되는 의미는
그 전까지의 쾌락과 욕망과 이기심을 용서해준다
그러나 그렇다고 해서 과거의 모든 잘못이
정당화되지는 않는다

자신의 성공을 의미 있는 것으로 만드는 데
성공했다고 해서
성공하기 위해 저질렀던 불의가

정당화되는 것은 아니다

많은 사람들이 성공하는 것에만 집착하는 이유는
성공한 후에 자신의 성공을 의미 있는 것으로 포장할 수 있다고 믿기 때문이다

성공을 의미 있게 포장하는 것도 좋지만
"의미의 성공"이 더 좋다
부의 성장, 지위의 상승만이 아닌
의미의 성장에 관심을 가져야 한다

대충대충 성공한 이후에 의미의 왕관을 수여하는
화려한 의식을 치르지 않는 자,
과정 자체에서 의미를 키워나가는 자,
그가 행복 천재다

최인철 교수의 "아주 보통의 행복"에 나오는 글입니다. "성공의 의미보다는 의미의 성공"이 더 중요하다고 강조하는 것 아닐까요? 무슨 일이든 의미를 두고 몰입하면 성공은 저절로 이뤄지기 때문입니다. 그러니 의미 성장에 더 큰 에너지를 집중해야 됩니다. Money, Moral, Mental 지수도 좋지만 Meaning 지수가 떨어지면 모두 가치를 잃게 됩니다. 결국 일이든, 공부든 의미라는 방점을 어디에 찍는가가 중요한 것 아닐까요? 결국 업무 성과나 행복지수가 떨어지는 것은 의미중심의 삶을 살지 못하다는 증거입니다. 이 대목에서 "의미야, 너는 진짜 무엇을 의미하니?"하고 물어보면 어떨까요?

20. Tikkun Olam 리더십을 발휘하라

구글, 페이스북, 오라클, 스타벅스의 공통점은 무엇일까요? 세상 사람들을 자기편으로 가장 많이 끌어들인다는 것입니다. 또 하나의 공통점이 있습니다. 무엇일까요? 모두 유대인입니다.

유대인은 13세에 성인식을 합니다.
이때 랍비와 하는 문답이 있습니다.

랍비가 "네 삶의 목적이 무엇이냐?" 하고 물으면 아이는 "티쿤 올람(tikkun olam)"이라고 말합니다. 티쿤은 "고친다", 올람은 "세상"이라는 의미입니다. 티쿤 올람은 "세상을 개선한다"는 뜻이 있습니다.

2020년 기준으로 유대인은 전 세계 인구의 0.2%에 불과하지만, 역대 노벨상 수상자 중 유대인 비율은 약 22%에 이릅니다. 또한 다이아몬드 시장의 98%를 장악하고 있으며, 구글, 페이스북, 오라클 등 선두 기업 창업가도 유대인입니다.

오늘 전 세계가 또 한 번 유대인에 의존하고 있습니다. 모더나, 화이자의 mRNA 백신을 개발한 사람이 유대인이고, 두 기업을 진두지휘하는 사람이 모두 유대인이기 때문입니다. 소아마비 백신을 개발해 인류를 구원한 사람 역시 유대인입니다.

유대인이 없었다면 라디오와 텔레비전을 보지도 못했을지 모릅니다. 데이비드 사노프라는 유대인의 발명품이기 때문이죠. 또한 유대인이 아니었다면 아직도 호롱불 켜고 책을 읽어야 할지도 모릅니다. 전구를 개발한 에디슨 또한 유대인이이기 때문입니다.

어려서부터 "티쿤 올람"이라는 사명 의식을 가지고 교육을 받아왔기 때문에 이들은 놀라운 천재성과 인류 문명을 밝히는 기념비적인 발명과 창의성을 발휘하고 있는 것 아닐까요?

Tikkun Olam!.
세상을 고친다, 개선한다, 더 좋은 것으로 바꾼다. 이것이 우리가 이 땅에 살아 있는 이유가 아닐까요? 어쩌면 교육자의 사명으로 삼아야 할 덕목입니다.
랄프 월드 애머슨의 시가 Tikkun Olam 정신을 잘 대변해 주는 듯합니다.

내가 태어나기 전보다
세상을 조금이라도 살기 좋은 곳으로 만들어 놓고 떠나는 것,
자신이 한때 이곳에 살았음으로 인해
단 한 사람의 인생이라도 행복해지는 것,

이것이 진정한 성공이다.

"Tikkun Olam" 정신으로 거듭나기 바랍니다. 리더란 현실에 안주하는 사람이 아니라 개선하고, 고치고, 세상을 만들어가는 사람입니다.

21. 서비스 리더십은 고객에게 감사를 느낄 때 성숙해진다

감사하면 뇌에 어떤 변화가 일어날까요?

그동안 감사에 관한 과학적 연구에 의하면 감사하면 뇌 좌측의 전전두피질을 활성화해 스트레스를 완화시켜 주고 행복감을 준다고 합니다. 심리학자들은 이를 'reset(재설정)' 버튼을 누르는 것과 같은 효과라고 설명합니다. 감사가 인간이 느끼는 가장 강력한 감정이라는 것이 공통된 연구결과입니다.

미국 마이애미대학교 심리학 교수 마이클 맥클로우는 "잠깐 멈춰 서서 우리에게 주어진 감사함을 생각해보는 순간 당신의 감정시스템은 이미 두려움에서 탈출해 아주 좋은 상태로 이동하고 있는 것"이라고 말합니다. 감사함을 느끼는 순간 사랑과 공감 같은 긍정적 감정을 느끼는 뇌 좌측의 전전두피질이 활성화되어 만사를 순조롭게 만든다는 것입니다.

그럼 어떻게 감사하는 것이 좋을까요?

1) 청탁불문(淸濁不問)

좋은 일(淸)이건 언짢은 일(濁)이건 가리지 말고 감사하라! 이것저것 따지지 말고 감사하라는 말이다.

2) 안주불문(按酒不問)

그 무엇을 기대하지 말고 그냥 감사하라. 안주 탓 않고 술 마시듯 대가로 무엇을 기대하지 말고 감사하라는 말이다.

3) 원근불문(遠近不問)

친소(親疎)를 구분하지 말고 언제나 찾아가서 감사하라. 감사할 일이 생기면 거리가 멀다고 할지라도 포기하지 말고 감사함을 표시하라는 말이다.

4) 주야불문(晝夜不問)

자나 깨나 언제나 감사하라. 밤이나 낮이나 때를 가리지 말고 감사할 일이 생기면 즉시 감사하라.

5) 남녀불문(男女不問)

남녀노소 따지지 말고 누구에게나 감사하라. 사람에 따라서 할지 말지 결정하지 말고 남녀노소 누구에게나 감사하라는 의미다.

6) 금전불문(金錢不問)

돈이나 물질보다 따뜻한 마음으로 감사하라. 물질적 보상보다는 진심이 담긴 마음으로 감사할 때 감사의 의미가 더욱 깊어질 수 있다.

7) 장소불문(場所不問)

동네방네 여기저기 감사하라. 감사할 일이 생겼을 때 여기저기 소문내면서 감사함을 표시하면 감사는 감동으로 바뀌고 감동은 감격으로 이어질 수 있다.

8) 다소불문(多少不問)

베푸는 은덕(恩德)의 많고 적음에 관계없이 무엇이든지 감사하라. 아무리 작은 일이라도 은혜나 은공을 입으면 무조건 감사할 줄 알아야 한다.

9) 가사불문(家事不問)

이것저것 따지지 말고 무조건 감사하라! 누군가 도움을 요청하면 핑계를 대고 미루면 안 되듯이 감사할 일이 생기면 계산하지 말고 그냥 감사해야 한다.

10) 생사불문(生死不問)

생사를 초월하여 살신성인(殺身成仁)으로 감사하라. 은혜를 베푼 사람이 없다고 은혜를 받은 사실을 결코 잊어서는 안 된다.

유영만의 "체인지"에 나오는 글입니다.

감사는 반사입니다.

반드시 반사되어 내게로 오기 때문이죠.

"서비스맨은 고객에게 감사하는 사람"입니다. 고객을 판매 대상으로 여기지 않고 감사의 대상으로 여기는 것이 고객중심 철학 아닐까요?

마이클 맥클로우 교수는 "감사는 행복의 선순환을 만든다"고 말합니다.

캘리포니아 대학교 로버트 교수는 "감사를 습관화한 사람은 더 많은 돈을 벌고 더 오래 산다"는 연구결과에서 발표하였습니다. 하여튼 그냥 마냥 감사하고 볼 일입니다.

"범사에 감사하면 만사가 앗싸된다"

*** 이 글에 대한 토의 사항**

구분	내용
감사의 어원 나누기	
감사할 때 신체에 미치는 영향 나누기	
감사와 리더십과의 관계 나누기	
고객서비스와 감사관계 나누기	

22. 육성급 리더가 되어라

여행할 때 사람들은 어디에 머물기를 원할까요?.

최고의 숙소 육성급 호텔에 머물기를 원합니다. 하지만 여건이 허용되지 않아 등급이 낮은 호텔을 선호하게 되죠. 이처럼 누구나 육성급 호텔에서 편안하게 쉬고 만끽하고 싶은 욕망이 있습니다 고객들은 어떤 리더에게 서비스 받기를 원할까요? 육성급 리더에게서 받고 싶은 욕망이 있지 않을까요. 그럼 육성급 리더이란 누구일까요?

첫째, '정성'이 지극합니다. 정성이 지극한 리더는 고객을 대하는 자세와 태도가 남다릅니다. 이런 리더는 마음에서 우러나오는 정성으로 하찮은 질문일지라도 무시하지 않습니다. 모든 고객을 진심으로 대하고 매사에 지극 정성이기 때문입니다. 정성이 최고의 리더십을 발휘하는 것이라는 알기 때문입니다.

둘째, '근성'이 있어야 합니다. 근성은 뿌리에서 나오는 리더십입니다. 근성은 쉽게 포기하지 않는 집요함과 끈기(Grit)에서 나옵니다. 근성이 있는 리더는 세상의 잡음에 쉽게 흔들리지 않고 주어진 자기 길을 가며 고객 만족을 위해 최선을 다합니다.

셋째, '탄성'을 가져야 합니다. 탄성을 지닌 리더는 작은 일, 보잘 것 없는 일에도 관심을 기울이고 감사할 줄 압니다. 고객을 볼 때마다 기쁜 마음으로 탄성을 지른다면 고객이야말로 감탄하지 않을까요? 고객 감동은 바로 이런 리더의 자세에서 나옵니다.

넷째, '감성'이 풍부해야 합니다. 이성적인 논리만 가지고 고객들을 대한다면 고객들은 경쟁사로 도망칠 것입니다. 그러나 마음을 열고 감성 바이러스를 뿌린다면 고객들은 저절로 달려올 것입니다. 고객의 마음 깊은 곳에 꽂힐 수 있는 Ah virus를 퍼트려 나가야 합니다.

다섯째, '지성'을 가져야 합니다. 지성은 냉철한 이성으로 옳고 그름을 판단하고 결정하는 능력이죠. 뜨거운 가슴으로 욕망을 추구함과 동시에 차가운 이성으로 통제하고 절제하는 지성을 겸비해야 균형 잡힌 리더로 일할 수 있습니다.

여섯째, '야성'이 있어야 합니다. 야성은 길들여지지 않는 마음으로 VUCA시대에 타성과 매너리즘에서 벗어나 도전하는 자세를 의미합니다. 틀에 박힌 일상에서 벗어나야 비상할 수 있기 때문입니다.

＊이 글에 대한 토의 사항(나의 육성급 기질을 점검하기)

구분	나의 기질과 성향은?
정성	
근성	
야성	
지성	
이성	
감성	

23. 훌륭한 리더는 팀 중심으로 일한다

아사노 고지에 따르면 팀이 압도적인 성과를 내기 위해 특별한 능력이나 경험은 필요없습니다. 유능한 리더, 뛰어난 에이스, 완벽한 시스템이 없어도 괜찮습니다. 다만 한 가지, 확고하고 정밀한 법칙은 필요하죠. 바로 '팀의 법칙'입니다. 아사노 고지는 "더 팀"이라는 책에서 '팀의 법칙'을 구성하는 5가지 키워드, ABCDE법칙을 다음과 같이 설명하고 있습니다.

첫째, 목표 설정의 법칙(Aim): 공통 목표가 없다면 '팀'이 아니라 '집단'이다. 또 목표에 의미가 없다면 팀원들은 작업과 숫자의 노예가 될 뿐이다. '행동 중심' 목표, '성과 중심' 목표, '의미 중심' 목표를 전략적으로 배합해야 한다.

둘째, 구성원 선정의 법칙(Boarding): 다양성이 필요하다는 편견을 버려라. 멤버가 수시로 바뀌는 상황 또한 나쁜 것만은 아니다. 팀의 유형에 따라 우리 팀의 특성을 파악하고 멤버를 들이거나 내보내는 타이밍과 방법을 현명하게 결정할 수 있다.

셋째, 의사소통의 법칙(Communication): 제대로 알아야 소통할 수 있다. 지향점을 알려주는 '모티베이션 그래프'와 능력을 세밀하게 파악하는 '포터블 스킬'을 활용하면, 팀원을 보다 입체적으로 파악할 수 있다.

넷째, 결정의 법칙(Decision): '올바른 독재'가 팀을 행복하게 만든다. 장점과 단점이 51:49일 때 머리를 싸매고 고민하는 것은 별 의미가 없다. 그보다는 신속하게 결정하고 팀원들이 이를 실행할 시간을 벌어줘야 한다. 느린 결정이 최악의 결정이다.

다섯째, 공감의 법칙(Engagement): 사람은 정신력으로 움직이지 않는다. 게다가 이제는 돈으로도 움직이지 않는다. 팀원이 팀의 어느 부분에 공감하며 자신만의 동기를 생성하게 할 것인지 구체적으로 정해야 한다. 공감도를 높이는 '4P' 요소를 잘 활용하면 팀원들의 고유한 동기를 이끌어낼 수 있다.

"개인화의 시대, 무엇으로 팀원들의 마음을 움직일 것인가?" MZ 세대가 등장하면서 세대 간극이 주요 문제로 떠오르고 있습니다. 이와 더불어 과거보다 훨씬 더 다양해진 문화적 맥락과 배경이 개인들 사이에서 빈번한 충돌을 일으키고 있죠. 그러므로 팀 구성원들 사이의 간극을 메우고 팀 활동에서의 행복감을 높이는 것이야말로 팀 전체의 성과를 높이는 가장 확실한 지름길 아닐까요. 그렇다면 어떻게 팀에 대한 열정과 개인의 행복감을 함께 높일 수 있을까요? 이는 모든 조직이 안고 있는 과제입니다.

가장 확실한 방법은 하는 일에서 보람을 얻고, 의미를 찾고, 재미있게 일할 수 있는 동기를 갖게 하는 것입니다. 이 세 가지 요소야말로 내적인 동기 아닐까요. 그래서 조직 문화에 더 큰 관심을 가져야 하는 이유가 여기에 있습니다.

"동기가 분명해야 기동"성이 뛰어납니다.

"돈에 맞춰 일하면 직업이 되고, 돈을 넘어 일하면 소명이다" 백범의 말입니다. 돈을 뛰어넘는 동기가 분출해야 특출 나는 성과를 내지 않을까요. 돈을 추구하면 달아나고, 동기를 추구하면 모든 게 다가옵니다.

24. 역지사지의 황금률로 고객을 대하라

Golden rules이란 세상이 아무리 변해도 변할 수 없는 법칙을 말합니다. 인류를 지배하는 각 종교의 불문율을 보면 이 법칙이 얼마나 단순하고 견고하며 불변의 진리인지를 알게 됩니다.

- **기독교**: 무엇이든지 남에게 대접받고자 하는 대로 너희도 남을 대접하라.
- **이슬람교**: 자신에게 베풀고 싶은 것을 이웃에 베풀지 않는 자는 신자가 아니다.
- **유대교**: 네가 싫은 것을 이웃에게 행하지 말라. 이것이 율법에 전부요, 나머지는 모두 주석에 불과하다.
- **불교**: 너 자신에게 해롭다고 생각하는 방식으로 다른 사람을 대하지 말라.
- **힌두교**: 이것이 최고의 의무이니 사람들이 너에게 하지 않기를 바라는 것을 다른 사람들에게 결코 행하지 말라.
- **조로아스터교**: 너에게 불쾌한 것은 무엇이든지 남에게 하지 말라.
- **유교**: 네가 하기 싫은 일은 남에게도 시키지 말라.
- **자이나교**: 사람은 스스로 대우 받고자 한 것처럼 모든 생명체를 대우해야 한다.

지구상에 있는 모든 종교의 골든 룰은 같습니다. 한마디로 요약한다면 易地思之(역지사지) 아닐까요. 역지사지란 공자의 철학으로 입장을 바꾸어 생각하라는 것입니다. 고객이 불평할 때 역지사지의 자세로 대하면 고객을 이해하고 더 좋은 리더십으로 대할 수 있게 된다는 논리입니다.

결국 자신을 대하듯 이웃을 대하라는 뜻 아닐까요. 내가 원하는 것을 상대에게 주고, 내가 대우 받고 싶은 대로 상대를 대우하라는 뜻입니다.

고객관리, 서비스의 황금율은 무엇일까요?

바로 내가 대우받고 싶은 대로 상대를 대우하는 것입니다. 황금률은 변하지 않습니다. 사람이 변할 뿐이죠. 또한 시대나 환경이 바뀌어도 변하지 않는 게 황금률 아닐까요. 경영 또한 이 Golden rules를 따르는 것이 성장의 비결이라 믿습니다.

*** 이 글을 읽고 토의하기**

구분	내용
황금률이 변하지 않는 이유는?	
내 인생의 황금률은?	
서비스 황금률을 만든다면?	

25. 리더는 큰 질문을 던지는 사람이다

- **프로이트**: 무엇이 인간의 마음을 지배하는가?
- **아인슈타인**: 시간과 공간이란 무엇인가?
- **마르크스**: 무엇이 인간의 역사를 나아가게 하는가?

20세기 인류 역사에 가장 큰 업적을 남긴 이들 세 사람의 공통점은 무엇일까요?
유대인이라는 것입니다.
그럼 유대인들의 공통점은 무엇일까요?
질문하는 민족입니다.
그래서 우리에게 요구되는 학습은 질문하는 법을 배우는 것입니다. 이것이 Big question 학습법입니다.
"사피엔스"의 저자인 유발하라리는
"인간은 무엇인가, 무엇이 되려 하는가?"라고 묻습니다.
마이클 샌델은
"정의란 무엇인가"라고 묻습니다.
피터 드러커는
"당신은 어떤 사람으로 기억되고 싶습니까?"라고 묻습니다.
이들 또한 유대인입니다.
유대인이 인류사회에 족적을 남기는 이런 역량은 바로 Big question에 있지 않을까요. 질문이 클수록, 큰 질문을 던질수록 세상은 넓어지고 성과 또한 커집니다.
그럼 서비스 리더는 어떤 Big question을 던져야 할까요?

- 진정한 서비스란 무엇인가?
- 어떻게 고객을 감동시킬 것인가?
- 미래의 나의 방향은 무엇인가?

또한 각자의 위치에서 자신만의 Big question을 품고 살아야 합니다. 질문이 클수록 큰 대문이 열리기 때문입니다.
성경의 기록을 보면 신이 인간에게 던진 최초의 질문이 있습니다.
"너는 어디에 있느냐?"입니다.

지금 어디에서 무슨 일을 하고, 어떤 생각을 하고, 어떤 꿈을 꾸고 있느냐고 묻는 거 아닐까요. 그러니 어디에 있든 자신과 세상을 향해 Big question을 던져야 합니다. 질문이 없으면 통찰도, 성장도, 의미도 없기 때문입니다.

*** 이 글을 읽고 토의하기**

구분	내용
Question의 어원	
리더에게 질문이 소중한 이유	
나의 질문습관은?	

26. 리더란 나의 한계를 극복하는 사람이다

집안이 나쁘다고 탓하지 말라
나는 아홉 살 때 아버지를 잃고, 마을에서 쫓겨났다.

가난하다고 말하지 말라
나는 들쥐를 잡아먹으며 연명했고,
목숨을 건 전쟁이 내 직업이고, 내일이었다.

작은 나라에서 태어났다고 말하지 말라.
그림자 말고는 친구도 없고, 병사로만 10만.
백성은 어린애, 노인까지 합쳐 2백만도 되지 않았다.

배운 게 없다고 힘이 없다고 탓하지 말라.
나는 내 이름도 쓸 줄 몰랐으나,
남의 말에 귀 기울이면서 현명해지는 법을 배웠다.

너무 막막하다고 그래서 포기해야겠다고 말하지 말라.
나는 목에 칼을 쓰고도 탈출했고,
뺨에 화살을 맞고 죽었다 살아나기도 했다.

적은 밖에 있는 것이 아니라 내 안에 있었다.
나는 내게 거추장스러운 것은 깡그리 쓸어버렸다.
나를 극복하는 그 순간 나는 징기스칸이 되었다.

이 글은 지구의 절반가량을 지배했던 징키즈칸의 어록입니다. 지금은 몽골이 소수민족으로 남아있는 변방의 국가에 불과하지만 한때는 유럽 한복판까지 지배했던 대단한 민족이었습니다. 그 핵심 리더가 바로 징키즈칸입니다. 마지막 문장이 인상적입니다. '나를 극복하는 그 순간 나는 징기스칸이 되었다' 이는 리더에게 시사하는 바가 많다고 봅니다. 훌륭한 리더란 저절로 만들어지는 것이 아니라 어려운 환경을 극복하고 일어설 때 가능함을 말해줍니다. 미국의 유명한 시사주간지인 "타임"은 지난 천 년 동안 인류역사에 가장 큰 영향을 미친 리더 중에 1위로 징키즈칸을 선정한 바 있습니다. 하지만 그는 성장과정에 자신이 고백한 것처럼 수많은 어려움 속에서 살아야만 했습니다. 이런 어려움을 극복하는 끈기를 GRIT정신이라고 합니다. 모든 성공한 리더들의 공통점은 이 GRIT정신이라는 것이 최근 성공학이나 심리학에서 밝혀지고 있습니다.

*** 이 글을 읽고 토의하기**

구분	내용
위의 어록을 읽고 느낀 점을 나누어 봅시다.	

27. 리더는 먼저 변하는 Fast mover다

내가 젊고 자유로워서
상상력에 한계가 없을 때,
나는 세상을 변화시키겠다는 꿈을 가졌었다.
그러나 좀 더 나이가 들고 지혜를 얻었을 때
나는 세상이 변하지 않으리라는 걸 알았다.
그래서 내 시야를 약간 좁혀
내가 살고 있는 나라를 변화시키겠다고 결심했다.
그러나 그것 역시 불가능한 일이었다.
황혼의 나이가 되었을 때 나는 마지막 시도로,
나와 가장 가까운 내 가족을
변화시키겠다고 마음을 정했다.
그러나 아무도 달라지지 않았다.
이제 죽음을 맞이하기 위해
누운 자리에서 나는 문득 깨닫는다.
만일 내가 내 자신을 먼저 변화시켰더라면,
그것을 보고 내 가족이 변화되었을 것을.
또한 그것에 용기를 얻어
내 나라를 더 좋은 곳으로
바꿀 수 있었을 것을.
그리고 누가 아는가, 세상도 변화되었을지!

웨스트 민스터 지하의 대주교 무덤에 쓰여진 글이라고 합니다.

세상에는 두 유형의 리더가 있습니다. 변화를 강요하는 유형과 스스로 먼저 변하는 유형입니다. 간디는 이런 말을 했습니다. "세상을 변화시키는 것보다 더 중요한 것은 자신을 변화시키는 것이다. 자신이 변하면 모든 게 변한다" 그러므로 리더는 먼저 변하는 Fast mover가 되어야 합니다. 가라고 말하지 말고 먼저 앞서가는 사람이 리더입니다. 위의 글에서 나오는 바와 같이 '만일 내가 내 자신을 먼저 변화시켰더라면,…… 세상도 변화되었을지'

하는 후회가 아니라 먼저 변하는 리더십을 발휘해야 합니다. 그러므로 이런 문장으로 요약할 수 있습니다. '네가 먼저 변해라. 그러면 나머지는 저절로 변할 것이다' 그래서 變者生存(변자생존), 즉 변하는 자만 살아남는다는 말이 있습니다.

*** 이 글을 읽고 토의하기**

구분	내용
변화가 어려운 이유는?	
Fast mover와 Fast follower의 차이는?	
변자생존과 적자생존의 차이는?	

28. 리더는 웃음을 전파하는 상인이어야 한다

웃음은,
소비되는 것은 별로 없으나
즐거움을 주는 것은 많으며,
주는 사람에게는 해롭지 않으나
받는 사람에게는 넘치고,
짧은 인생으로부터 생겨나서 그 기억은
깊이 남으며,

웃음이 없이 참으로 부자가 된 사람도 없고,
웃음을 가지고 정말 가난한 사람도 없고,

웃음은,
가정에 행복을 더하며,
사업에 활력을 불어넣어 주며,
친구 사이를 더욱 가깝게 하고,
피곤한 자에게 휴식이 되며,

실망한 자에게는 소망이 되고,
우는 자에게 위로가 되고,
인간의 모든 독을 제거하는 해독제이다.

그런데 웃음은 살 수도 없고,
버릴 수도 없고,
도적질할 수도 없는 것입니다.

세계적인 동기부여가인 데일 카네기의 웃음예찬입니다.
그의 말대로 웃음은 빌릴 수도 없고 도둑질할 수도 없습니다. 특히 리더에게 웃음이 없다면 그가 속한 조직이나 주변사람들은 늘 긴장사태에 살아야 할지도 모릅니다.

어느 식당 지배인이 아침조회 시간에 직원들에게 이렇게 주문했습니다.

"오늘은 더 많이 웃고 더 친절해야 합니다"

그러자 한 직원이 물었습니다.

"왜죠? 중요한 손님이 오나요? 아니면 본사에서 시찰이라도 나오나요?"

그러자 지배인은 이렇게 말했습니다.

"아닙니다. 오늘 파는 고기가 좀 질기거든요"

이런 지배인의 웃음을 끌어내는 리더십은 직원들이 편안하게 웃으면서 일할 수 있는 동기를 부여하고 조직문화를 만들어 갑니다.

"웃음은 천 가지 해를 없애준다"고 세계적인 바람둥이인 셰익스피어는 말했습니다. 웃는다는 것은 긍정의 신호를 상대에게 보내는 거죠. 그런데 위의 지배인 같은 경우는 웃음의 긍정적인 효과를 100% 활용할 줄 아는 사람입니다. 직원들이 재미있게 웃으면서 서비스를 하면 질긴 고기에 불평할 수 없는 심리적인 마취효과를 안겨주니까요. 이처럼 웃음과 유머는 난처한 상황을 반전시켜주는 무기 역할을 합니다.

이것은 유머가 윤활유 역할을 한다는 것 이상의 마력이 있다는 것을 말하죠. 지식이나 논리로 풀어 나갈 수 없는 문제도 상황에 적합한 유머 한 마디로 웃음을 이끌어 내고 위기를 극복할 수 있게 해 주니까요. 무엇보다도 유머를 적당히 구사하면 자신의 약점을 숨기고 오히려 친근한 관계를 만들어 나가 신뢰하는 분위기를 만들어 나갈 수 있다는 것입니다.

외국에서는 이런 웃음을 학교에서도 정식 교과목으로 가르치는 학교가 늘어난다는데 우리는 알아서 웃으라고 합니다. 하긴 웃음은 어디에서 가져올 수 있는 것이 아니죠. 이미 내 안에 있는 것을 꺼내기만 하면 되니까요.

자신에게 이런 주문을 해보면 어떨까요?

"거울 속의 당신은 절대 먼저 웃지 않습니다"

본인이 웃지 않으면서 거울 속의 자신의 모습이 딱딱하다고 한탄하는 것이 요즘 사람들의 자화상 아닐까요. 내가 웃지 않으면 아무도 웃지 않습니다. '웃음이 최고의 옷'이라는 말이 있습니다. 선생님이 웃지 않으면 아이들은 경직됩니다. 오늘부터 "smile sparkle shine" 운동을 시작하면 어떨까요? 요즘 코로나19로 인해서 마스크에 가려져 웃는 모습을 보기 힘들다고 합니다. 그래서 Smize(Smile+Gaze) 운동이 펼쳐지고 있죠. 눈웃음으로 더 밝은 세상을 나누자는 뜻 아닐까요.

"Laughter is inner jogging(웃음은 내적인 조깅이다)"

"웃음의 해부학" 저자 Norman Cousons의 말입니다. 笑笑益善(소소익선)이라. 웃으면 웃을수록 좋은 일이 많아진다는 말입니다. 그러므로 리더는 웃음을 전파하는 상인이어야 합니다.

*** 이 글을 읽고 토의하기**

구분	내용
리더에게 웃음이 중요한 이유는?	
웃음에 관한 속담 나누기	
웃음이 조직문화에 미치는 영향은?	

29. 리더란 어떤 상황에서도 'I can do it'을 외치는 사람이다

자기 자신을 돌아보게나, 젊은이.
두 팔, 두 손, 두 다리, 두 개의 눈,
그리고 영리하게 사용할 수도 있는 두뇌,
위인들이 가지고 있던 것을 자네도 모두 가지고 있네.
다른 사람들도 모두 이 정도의 장비만 가지고 시작을 했지.
이런 최고의 장비들을 갖추고 있다면 이제 이렇게 말하게. "난 할 수 있어"

위인들과 현자들을 뜯어 보게나.
자네의 것과 비슷한 그릇으로 밥을 먹고,
비슷한 포크와 나이프를 쓴다네.
신발에 묶은 끈도 자네의 것과 비슷하지 않은가.
세상은 그들이 용감하다, 현명하다 말을 하지만
그들이 출발점에서 가지고 있던 것들을 자네도 모두 가지고 있네.

자네도 그들의 능력을 가질 수 있고,
원하기만 한다면 그들만큼 위대해질 수 있네.
자네가 선택한 어떤 싸움에서라도 어울릴 만한 장비를 모두 갖추고 있지 않은가.
자네에게는 팔과 다리와 두뇌가 있네.
위대한 사람이라는 칭호를 받고 있는 사람들도,
처음에는 자네가 가진 것 이상의 것을 가지지 못했네.

자네에게 유일한 장애물은 바로 자네 자신이라네.
자네의 자리는 자네가 정해야 하네.
어디로 가고 싶은지 말해야만 한다네.
얼마나 많은 공부를 하고, 얼마만큼의 진실을 알 텐가.
신은 자네에게 인생을 살기에 충분한 장비를 주셨네.
하지만 어떤 사람이 될지, 그 결정은 자네 스스로 하라고 하셨네.

용기는 자네가 가진 영혼으로부터 나오는 것이라네.
이기고자 하는 의지는 스스로 일으켜야 하는 것이네.
그러니 자기 자신을 돌아보게나, 젊은이.
모든 위대한 사람들이 가지고 있던 것을 자네도 가지고 태어났네.
그들이 시작할 때 가지고 있던 장비를 자네도 전부 가지고 있지 않나.
그러니 용기를 내어 이렇게 말하게. "난 할 수 있어"

에드거 게스트(Edgar Guest)의 '장비(Equipment)'라는 시입니다. 누구나 같은 조건에서 성공할 수 있는 리더십을 발휘할 수 있다는 메시지를 주고 있습니다. 그러니 이렇게 외쳐야 합니다. 'He can do, She can do, Why not me?, I can do it'

30. Learning mate와 함께하라

'혼자 일하는 사람을 뽑지 말라. 비록 그가 천재일지라도' 구글의 인사 법칙이라고 합니다. 구글은 천재들이 일하는 것처럼 언론에 비춰지고 있지만 채용과정에서는 함께 더불어 일하는 사람을 유능한 조건으로 뽑는다고 합니다. 조직이란 어떤 한 사람의 재능으로 움직여지는 것이 아니라 집단지성의 결과이기 때문이죠. 그래서 "같이 가야 가치가 있다"고 하지 않을까요.

학생들을 가르치면서 느낀 것 중 하나가 일처럼 공부도 마찬가지라는 것입니다. 혼자 골방에서 공부하는 학생과 같이 어울려 공부하는 학생이 비록 똑같이 사회진출해도 같이 어울려 공부하는 학생이 사회성이 좋고 인성이 뛰어나고 협력 정신이 강하다는 것이 입증되고 있습니 다. 그래서 유대인들은 3000년 전부터 예시바(Yeshiva)라는 도서관을 통해서 학습을 하고 하브루타(Havruta)란 학습법을 통해서 토론하고 소리치며 논쟁하며 공부해 왔습니다. '하부'란 동료, 친구를 의미하는데 서로 함께하면 두 배 이상의 효과가 나타난다는 것입니다. 하브루타 교육의 핵심은 짝을 지어 함께 공부하는 것입니다. 번갈아가며 질문하고 답변하면서 공부에 깊이를 더해가는 것입니다. 하브루타 교육이 유대인들의 특별한 교육으로 인기를 끄는 이유는 이들 민족의 우수성에 이 교육이 뿌리내리고 있기 때문입니다. 노벨상을 가장 많이 수상하는 유대 민족의 우수성을 각 나라에서 연구한 결과 그들의 교육에 뿌리가 있다고 결론 내렸습니다. 곧 그들의 핵심 교육은 하부르타 교육이라는 것입니다.

유대인들의 특성 중에 하나가 잘한다는 것입니다. 호기심이 많은 상태에서 질문을 억누르면 학문의 진보가 이뤄질 수 없습니다. 교육 전문가들에 의하면 유대인들이 질문을 많이 하는 근본적인 배경도 바로 이 하브루타 교육에 뿌리를 내리고 있기 때문입니다. 나는 일선 교육 현장에서 학생들을 가르치면서 가장 답답하게 느끼는 것이 하나가 있습니다. 질문을 하지 않는 학생들이 너무나 많다는 것입니다. 질문하기를 꺼려하고, 질문하기를 두려워하고, 질문을 시키면 당황하는 학생들을 많이 봅니다. 이것이 학교에서 주입식 교육을 받아왔기 때문이며 토론, 토의 수업이 없는 상태에서 공부해온 습관이라고 봅니다.

우리나라도 하브루타 교육이 뿌리내리고 있습니다. 또한 하브루타 교육을 통해서 학습능력을 향상시키는 학생들도 있습니다. 혼자보다는 함께 토의하고 질문하고 의견을 나누면서 공부하다 보면 지루하지 않게 효율적인 경쟁을 통해서 성적을 낼 수 있기 때문입니다. 그래서 공부 문제로 내 방에 찾아오는 학생들에게 나는 항상 같은 말을 합니다. 혼자 공부하지 말고 '공부 깐부'를 만들어라. Learning mate와 함께하면 공부가 재밌어지고 지치지 않고 멀리 갈 수 있기 때문입니다. 그리고 Learning은 Running과 같다며 이런 효과를 전해줍니다.

- 멈추면 진다.
- 신체 근육과 마음의 근육을 강화시킨다.
- 쾌감을 준다.
- 목표가 있다.
- 같이하면 성과가 좋다.

그래서 Learner는 Runner가 되어야 합니다. 문제는 혼자 할수록 지치기 쉽죠. 달리기도 같이하면 지치지 않고 쉽게 갈 수 있습니다. 공부 또한 이와 마찬가지입니다.

멀리 가려면 같이 가라는 말은 달리기나 학습에 다같이 적용됩니다. 경쟁하듯이 다투어 달리다 보면 결국 공존의 탑을 쌓게 됩니다. 이것이 '같이가치요, 가치같이'입니다. 같이 가면 가치가 커지고, 가치를 같이하면 그 의미가 배가된다는 뜻입니다.

삼성경제연구소에서 '보이지 않는 힘: 동료효과'라는 보고서를 낸 적이 있습니다. 동료의 행동과 사고방식에 영향을 받아 개인의 행동이 변하는 것을 동료효과(Peer effects)라 합니다. 학군이 좋은 지역으로 이사를 가는 것은 좋은 급우가 주위에 많으면 더 열심히 공부하게 된다는 동료효과에 대한 믿음으로 인한 현상이기도 합니다. 먹을 가까이하면 자신도 모르게 검어진다는 '근묵자흑(近墨自黑)'이라는 한자성어도 같은 의미입니다. 사람은 만나는 주변 사람에 따라 변할 수 있다는 것을 비유한 말입니다. 특히 학창 시절에 어떤 친구를 만나느냐에 따라서 삶의 삶의 방향이 달라질 수도 있고 공부하는 방법이 달라질 수도 있습니다.

겨울철이 되면 북극곰 수영대회가 뉴스에 나오곤 합니다. 영하 20도의 추위 속에서 팬티 하나 달랑 걸치고 해운대 해수욕장에서 신나게 소리치고 웃으면서 수영하는 것입니다. 그 추위에 저들이 얼어 죽지 않고 버틸 수 있는 힘은 무엇일까요? 단지 개인의 용기와 의지만으로는 답이 안 됩니다. 옆에 있는 동료들이 있기에 가능한 일입니다. 동료들과 함께 소리치고 웃고 의지하기에 그들이 추위에 죽지 않고 버틸 수 있는 것입니다. 나는 이 북극곰 수영대회를 볼 때마다 이것이 진정한 동료효과라는 것에 감탄합니다. 심리학이나 교육학에서 동료효과가 연구되고 중요시되는 이유 중의 하나가 바로 학습 능력을 향상시킬 수 있는 기법이기 때문입니다. 이처럼 공부를 잘하는 학생과 혹은 마음이 통하는 학생과 짝을 지어 공부하고 같이 토론하고 고민하다 보면 저절로 성적이 오르고 함께 성장해 가는 모습을 그릴 수 있습니다.

함께 공부하는 친구는 동반자이면서 Rival(라이벌)이기도 합니다. Rival의 어원은 라틴어로 시내, 개천을 의미하는 Rivus(리부스)입니다. 농경시대에는 물길이 끊어지면 농작물을 재배할 수 없어 굶어죽게 되어 있었죠. 그래서 물줄기를 사이에 두고 양쪽에서 자기 밭에 물을 대기 위해 혈투를 벌이고 안간힘을 쓰게 되었습니다. 그런데 물길이 완전히 말라버리면 양쪽 모두 굶어죽는 운명에 처하게 됩니다. 그래서 라이벌은 경쟁자이면서 동시에 운명공동체라는 의미가 있습니다. 함께 공부하는 동료 또한 이와 같습니다.

장학금을 놓고 다투는 라이벌 관계이지만 함께 공존할 때 더 성숙해질 수 있기 때문입니다. 멀리 가려면 함께 가라는 아프리카 속담 또한 이 같은 원리를 설명해주고 있습니다. 함께 공부하는 짝꿍을 만들어보세요. 경쟁하면서 더 깊이 있게 공부할 수 있습니다. 그리고 서로 질문하고 답변하는 과정을 통해서 자신도 모르는 사이에 성적이 점점 향상되어가는 것을 발견하게 될 것입니다.

리더는 학습하는 사람입니다. 그런데 Learning mate와 함께하면 더 멀리 빨리 갈 수 있습니다. 리더란 일과 학습을 균형 있게 병행할 때 성장할 수 있습니다. 학습이 멈추면 리더십도 멈추게 됩니다.

31. 구불약을 먹고 무재칠시하는 게 리더다

일찍이 당나라의 송청이라는 사람은 웃음 속에는 아홉 가지의 부정적인 요인을 극복하게 해주는 신비한 효과가 있다 하여 이를 구불약(九不藥)이라 불렀습니다. 웃음은 자기관리의 약이며 리더십의 핵심 요인입니다.

첫째는 불신(不信)으로 웃음은 상대방이 나에게 갖는 불신을 없애 준다는 말입니다.
둘째는 불안(不安)으로 웃음은 나와 타인의 불안을 없애 준다는 말입니다.
셋째는 불앙(不怏)으로 웃음은 원망과 앙심을 없애 준다는 말입니다.
넷째는 불구(不勾)로 웃음은 나의 마음이 곧음을 드러내 준다는 의미입니다.
다섯째는 불치(不値)로 웃음은 물건의 값을 속이지 않음을 보여준다는 뜻입니다.
여섯째는 불의(不倚)로 웃음은 나에 대한 거리감을 없애 준다는 의미입니다.
일곱째는 불충(不衷)으로 웃음은 성의가 없다는 생각을 없애 준다는 말입니다.
여덟째는 불경(不敬)으로 웃음은 공손하지 않다는 생각을 없애는 역할을 합니다.
아홉째는 불규(不規)로 웃음은 원칙을 어길 줄 모른다는 의혹을 없애 주는 역할을 합니다.

"그날그날이 가장 좋은 날로 생각하라"는 서양 속담이 있습니다. 오늘이 바로 그날이거든요. 그토록 달려오고 싶었던 그날 말입니다. 그러니 웃지 않을 수 없습니다. 藥(약) 자는 ++(풀초 변), 즉 풀을 뜯어 먹어도 이를 樂(낙)으로 여기면 그게 약이 된다는 것입니다.

불교의 핵심사상은 자비입니다. 어느 날 한 제자가 석가모니에게 물었습니다.

'저는 베풀 것이 없는데 어떻게 자비를 베풀어야 합니까?'

그러자 석가모니는 물질이 없어도 마음만 먹으면 베풀 수 있는 것이 있다고 가르쳤습니다. 이것이 그 유명한 것이 불경에 나오는 '무재칠시(無財七施)'입니다. 그런데 그 일곱가지 중에서 첫 번째가 바로 웃는 얼굴로 이웃을 대하라는 것입니다.

첫째, 화안시(和顔施)라고 하여 얼굴에 화색을 띠고 부드럽고 정다운 얼굴로 남을 대하는 것으로 미소(微笑)를 이름하는 것이요.

둘째, 언시(言施)라고 하여 말로써 남에게 얼마든지 베풀 수 있으니 사랑의 말, 칭찬의 말, 위로의 말, 격려의 말, 양보의 말 등 상대방의 기분을 좋게 해주는 부드러운 말이다.

셋째, 심시(心施)라고 하여 마음의 문을 열고 따뜻한 마음을 주는 것이며.

넷째, 안시(眼施)라고 하여 사랑을 담은 눈으로 사람을 보는 즉 부드러운 눈빛으로 베푸는 것이고.

다섯째, 신시(身施)라 하여 몸으로 베푸는 것인데 신체의 움직임을 통해서 즉 짐을 들어준다거나 힘들어하는 상대방을 위해 몸으로 도와주는 것이다.

여섯째, 좌시(坐施)로 자기의 자리를 내주어 양보하는 것이요.

일곱째, 굳이 묻지 않고 상대의 속을 헤아려 알아서 도와주는 찰시(察施)이다.

네가 이 일곱 가지를 행하여 습관이 붙으면 너에게 행운이 따르리라.

구불약(九不藥)과 무재칠시(無財七施) 고객관리 서비스 리더십의 핵심요소입니다. 이런 마인드가 조직에 퍼질 때 행복한 일터, 고객을 감동시키는 기업으로 거듭날 수 있습니다.

32. 리더십은 말이 갖는 힘이다

어떤 양반이 정육점에 가서 말하였습니다.

“돌쇠야 고기 한 근만 주거라”

이에 돌쇠가 고기를 썩썩 잘라주고 돈을 받았습니다. 그때 다른 양반이 와서 말하였습니다.

“돌쇠네 고기 한 근만 주게”

돌쇠가 다시 고기를 썩어서 잘라주었는데 그 양이 전번 것보다 훨씬 많았습니다. 이걸 보고 먼저 온 양반이 화를 냈습니다.

“이놈아 왜 고기 한 근이 이리 다르냐?”

그러자 돌쇠가 얼굴을 씰룩거리며 말했습니다.

“네 그것은 나리 것은 돌쇠가 자른 것이고, 이분 것은 돌쇠네가 자른 것이기 때문입니다”

독일의 시인 하인리히 하이네(Heinrich Heine)는 “말이 가진 힘이란, 죽은 이를 무덤에서 불러낼 수도 있고 산 자를 땅에 묻을 수도 있다. 소인을 거인으로 만들 수도 있고, 거인을 완전히 망가뜨려 없애 버릴 수도 있다”라고 말했습니다.

“심층언어”라는 것이 있습니다. 흔히 사람들이 “피곤해 죽겠다” 등의 습관적 언어를 사용하는 것과 같이 사람의 심층 심리에서 무의식적으로 나오는 말을 언어심리학에서는 ‘심층언어’라고 하죠. 양반이 무의식적으로 “돌쇠야” 하고 부르는 것이 심층언어입니다 심층언어가 왜 대인관계나 자신에게 미치는 영향이 클까요? 일단 심층심리에 있는 언어가 우리 입 밖을 통해서 반복적으로 나오게 되면 자신도 모르는 사이 점점 그렇게 변해간다는 것이 언어학자들의 연구결과입니다.

살아 있는 것은 동물이든 식물이든 고유의 향기가 납니다. 그럼 사람의 향기는 어떻게 나올까요? 그 사람의 입에서 나오는 것이 아니라 그 사람의 언어에서 나옵니다.

리더는 리더다운 언어를 가져야 됩니다. 그 향기로 고객을 매혹시켜야 하기 때문입니다. 리더는 함게 일하는 직원들의 운명을 바꿀 수도 있습니다. 말의 대가가 되어야 하는 이유는 무엇일까요? 말을 잘못하면 "말의 대가를 치러야" 하기 때문 아닐까요? 씨앗을 뿌린 대로 거두는 것은 말을 뿌린 대로 되돌려 받는 자연의 법칙이기도 합니다. 리더에게 말은 생명입니다. 말이 결국은 자신이 몸담고 있는 조직의 모든 콘텐츠를 담는 그릇이기 때문입니다.

As you sow, so shall you reap.(뿌린 대로 거둔다)는 법칙은 말의 법칙이기도 합니다.

할 어반은 "긍정적인 말의 힘"이라는 책에서 이런 얘기를 합니다. '인간은 말을 만들고, 말은 인간을 만든다' 부정적인 말을 하면 부정적인 결과가 나올 수밖에 없습니다. 생각이 부정적이기 때문에 행동은 당연히 부정적으로 흘러갈 수밖에 없기 때문입니다. 그러나 긍정적인 생각을 하는 사람은 당연히 긍정적인 행동으로 연결되기 때문에 긍정적인 결과를 가져옵니다. 이 같은 원리는 모든 리더십에서 적용되고 있습니다. 결국 리더십을 발휘하는 것은 소통을 통한 공감과 신뢰가 쌓일 때 가능하기 때문입니다. 우리 속담에 '말 한마디로 천 냥 빚을 갚는다'는 말은 말을 잘못하면 오히려 천 냥 빚을 진다는 의미이기도 합니다. 괴테는 '언어는 존재의 집'이라고 말했습니다. 그 사람이 사용하는 말이 곧 그 사람의 모든 것을 말해준다는 뜻입니다. 그러므로 말이 곧 생명이라는 사실을 깨달아야 합니다.

33. 리더는 팀을 이끄는 사람이다

어느 추운 날 찐빵을 파는 사람과 이불을 파는 사람이 빈 절간에서 눈보라를 피하고 있었습니다. 해가 지자 찐빵 장수는 매우 추웠고 이불 장수는 배가 고팠습니다. 그러나 그들은 상대가 자신에게 바라는 바가 있을 거라고 믿고 누구도 먼저 입을 열지 않았습니다.

시간이 흐르자 찐빵 장수가 말했습니다.

"찐빵 하나를 더 먹어야겠다"

이불 장수도 말했습니다.

"이불을 한 장 더 덮어야겠다"

이런 식으로 찐빵 장수는 찐빵을 더 먹고 이불 장수는 이불을 한 장 더 덮으며 누구도 상대에게 도움을 청하지도 주지도 않았습니다. 결국 찐빵 장수는 얼어죽었고, 이불 장수는 굶어 죽었습니다.

이불 장수는 이불을 나누고, 찐빵 장수는 찐빵을 나누었다면 배부르고 따뜻하게 서로 살 수 있었을 텐데 자기 것을 고집하고 도움을 주지도 받지도 못하다 보니 모두 죽은 것 아닐까요?

예수는 이렇게 말했습니다.

"하나님 나라는 바로 너희들 가운데 있다"

서로 나눌 것이 많은데 혼자 살려 발버둥치면 이불 장수나 찐빵 장사의 운명에 처할 수 있다는 의미 아닐까요? 세상에 혼자 살 수 있는 사람은 아무도 없습니다. 이것보다 더 큰 진리는 없어 보입니다. 그래서 독불장군이 되지 말라 하고, 혼자 사는 사람이 가장 어리석다 말하는지도 모릅니다.

조직 내에서 일도 이처럼 하는 사람이 많습니다. 자기의 전문성을 나누고 서로 도움을 청하면 큰 시너지를 발휘할 수 있을 텐데 말이죠. Collaboration(협업) 개념이 없이 조직생활 한다는 것은 바로 찐빵 장수나 이불 장수와 다를 바가 없지 않을까요.

Competition makes us faster,(경쟁은 우리를 더 빠르게 가게 하고)

Collaboration makes us better.(협업은 우리는 더 훌륭하게 만든다)

수학에서는 나눌수록 작아지지만 인생에서는 나눌수록 커집니다. 결국 우리가 저세상 갈 때 가지고 갈 수 있는 것은 내가 가진 것이 아니라 나눈 것뿐이라는 말이 있습니다. 지식과 경험과 노하우를 나누는 것이 팀워크이고 조직의 근본입니다. 더불어 나누고 의지할 수 있는 조직 문화를 만들어갈 때 더 좋은 생존력을 키울 수 있지 않을까요.

주변 사람과 연결하고 협업해 나간다면 나 혼자의 지능이 아니라 IQ 500으로 살 수 있다는 말이 있습니다. 결국 지능지수를 높이고 창의성을 확장시켜나가는 비결은 연결지능에 달려 있습니다.

Steven Anderson은 이렇게 말합니다.

Alone we are smart, Together we are brilliant.(혼자라면 스마트하지만, 함께라면 우리는 눈부시게 성장할 수 있다)

34. 하이테크와 하이터치로 융합하는 리더가 되어라

어떤 스승이 중병에 걸리자 그의 제자가 찾아왔습니다.

제자는 스승의 침대 곁에서 가르침을 구했습니다.

"선생님 저에게 마지막 가르침을 주십시오"

스승은 머리를 끄덕인 후 입을 벌려 제자에게 살펴보라고 하였습니다.

"내 혀가 아직 있느냐?"

제자가 대답했습니다.

"네 있습니다"

스승이 다시 물었습니다.

"내 이도 아직 있느냐?"

나이가 많은 스승은 이가 다 빠져 밋밋한 잇몸만 남아 있었습니다.

제자는 솔직하게 말했습니다.

"이는 하나도 없습니다"

스승이 다시 물었습니다.

"이제 道를 깨달았느냐?"

제자는 무언가 깨달은 듯 답이 없었습니다. 그러자 스승이 말했습니다.

"혀가 남아 있는 것은 그것의 부드러움 때문이고, 이가 없는 것은 너무 단단하기 때문이란다"

리더가 갖추어야 할 자질 중에서 가장 중요한 것은 무엇일까요? 강함보다는 부드러움이 아닐까요. 부드럽게 터칭할 때 고객들과 정서적인 교감이 이뤄지고 그 안에서 비즈니스가 이뤄질 수 있기 때문입니다. 강하게 푸싱할 때 고객들은 멀어져 갑니다. 그러나 부드럽게 풀링할 때 고객들은 어느덧 우리 안에서 성장해가기 시작합니다.

이것이 노자의 가르침입니다. 부드러움이 강함을 이긴다는 柔能制强(유능제강)의 철학입니다.

노자는 말합니다. "살아 있는 것은 부드럽고 죽은 것은 딱하다"고. 그러니 내 말이 딱딱하고 내 얼굴이 딱딱하다는 것은 나의 모습이 죽어 있다는 것을 의미합니다.

마음경제 시대, 감성 역량이 중시되는 4차 산업혁명 시대의 경쟁력은 바로 부드러움입니다. 유능제강을 통해서 리더십의 기본을 깨닫게 됩니다. 이것이 4S 리더십, 즉 "Soft-Smile-Smart-Skill"

의 道 아닐까요. 노자는 柔能制强뿐 아니라 이유극강(以柔克强)을 강조했습니다. 부드러움으로 강함을 이기라는 뜻입니다. 리더에게 부드러운 감성역량이 요구되는 이유가 여기에 있습니다.

특히 4차 산업혁명, 디지털 시대에 아날로그적인 감성역량이 융합되어야 조직을 원활하게 이끌어갈 수 있고 고객 만족을 통한 지속가능한 기업문화를 만들어 갈 수 있습니다. 이것이 하이테크와 하이터치의 조화입니다. 강함과 부드러움 어느 한 쪽에 치우치지 않고 균형 잡힌 리더십을 갖추는 것이 디지털 시대의 리더십입니다.

특히 서비스 산업은 감성 산업입니다. 게다가 고객들은 느낌 중심의 소비행위를 이어가고 있습니다. 감성경영이 중시되고 감성 리더십이 요구되는 것은 이러한 사회변화에 대응하기 위한 전략이기도 합니다. 그래서 EQ(Emotional Quotient)가 IQ(Intelligence Quotient)를 이긴다는 말이 있습니다. 이성적인 논리나 지식이 강해도 감성적이고 정성적인 마인드가 약하면 고객은 경쟁사로 떠날 준비를 한다는 것을 기억해야 합니다.

CHAPTER **2**

호텔외식경영 Worksheet

1. Management(경영) 관련하여 다음 사항을 설명하시오.

구분	설명
Management의 어원	
Management의 기능	
Management의 3요소	

2. Peter Drucker(피터 드러커)의 경영의 개념과 경영자의 역할에 대하여 설명하시오.

구분	설명
피터 드러커 소개	
경영의 개념	
경영자 역할	

3. 피터 드러커의 위대한 질문 5가지는 무엇인지 설명하시오.

구분	설명

4. Strategy(전략)의 어원과 개념, 그리고 손자병법에 나오는 5가지 전략의 핵심을 설명하시오.

구분	설명
Strategy(전략)의 어원	
Strategy(전략)의 개념	
손자병법 전략의 5가지 핵심	

5. 마이클 포터의 전략이란 무엇인가, 그리고 5가지 경쟁요인을 설명하시오.

구분	설명
마이클 포터 소개	
마이클 포터의 전략개념	
마이클 포터의 5가지 경쟁요인	

6. 성공하는 기업들의 8가지 습관을 설명하시오(짐 콜린스와 제리포라스가 저술한 책임).

8가지 습관	설명

7. 현대 경영에서 경영자의 바람직한 자질과 역할을 설명하시오.

구분	설명
CEO의 의미	
경영자의 바람직한 자질	
경영자의 바람직한 역할	

8. 요즘 경영의 화두가 되고 있는 ESG의 개념과 필요성을 설명하시오.

구분	설명
ESG의 개념	
ESG의 필요성 및 강조되는 이유	
기타	

9. "기업은 곧 사람"이라는 말이 있습니다. 기업경영에서 사람 관리가 왜 중요한지, 그리고 직원 관리 기법은 어떻게 변해야 하는지 설명하시오.

구분	설명
사람 관리의 중요성	
호텔외식기업에서 직원의 중요성	
바람직한 직원관리 기법	1) 2) 3) 4) 5) 6) 7) 8) 9) 10)

10. 경영환경 변화 요인에는 무엇이 있고 급변하는 경영환경의 변화에 능동적으로 대처하기 위한 방안은 무엇인지 그리고 PEST 분석기법을 설명하시오.

구분	설명
경영환경 변화 요인	
경영환경의 변화에 능동적으로 대처 방안	
PEST 분석 기법	

11. 경영전략의 유형을 10가지를 제시하고 설명하시오.

구분	설명

12. 관광진흥법상 관광식당의 종류와 식당의 시설 기준을 설명하시오.

관광진흥법상 관광식당의 종류	
식당의 시설 기준	

13. 외식산업진흥법상 영업의 종류와 각 시설 기준은 무엇인지 설명하시오.

<table>
<tr><th>구분</th><th>설명</th></tr>
<tr><td rowspan="5">외식산업진흥법상 영업의 종류</td><td></td></tr>
<tr><td></td></tr>
<tr><td></td></tr>
<tr><td></td></tr>
<tr><td></td></tr>
<tr><td rowspan="4">각 영업의 시설 기준</td><td></td></tr>
<tr><td></td></tr>
<tr><td></td></tr>
<tr><td></td></tr>
</table>

14. 고객관리 기법 중 LATTE의 법칙이란 무엇인지 설명하시오.

구분	설명
L	
A	
T	
T	
E	

15. 호텔/ 외식산업의 특성을 일반 산업과 비교하여 10가지를 설명하시오.

구분	설명

16. 외식산업의 발전요인을 설명하시오.

구분	설명
경제적 요인	
사회적 요인	
문화적 요인	
기술적 요인	
글로벌 요인	

17. 소비자들의 외식에 영향을 미치는 요인은 무엇인지 10가지를 설명하시오.

구분	설명

18. 서비스맨의 자기관리 원칙 10가지를 제시하고 설명하시오.

구분	설명

19. 서비스 칠거지악을 설명하시오.

칠거지악	설명

20. 외식시장 트렌드 변화요인에는 무엇이 있는지 10가지를 제시하고 설명하시오.

구분	설명

21. 소비자들의 외식의 유형을 설명하시오.

외식의 유형	설명

22. 레스토랑의 종류를 설명하시오.

레스토랑 종류	설명

23. 레스토랑의 서비스 방식을 설명하시오.

서비스 방식	설명

24. Fast Food의 특성을 10가지 제시하고 설명하시오.

특성	설명

25. 요즘 사회는 브랜드 사회입니다. 브랜드의 가치가 중요해지고 소비자를 유혹하고 있습니다. 브랜드와 관련하여 다음을 설명하시오.

구분	설명
Brand의 어원	
Brand의 의미	
Brand의 가치	
Brand의 경영	
Brand의 네이밍 원칙	
Brand의 구성 요소	
기타	

26. 스타벅스의 브랜드를 설명하시오.

구분	설명
Starbucks의 유래	
Brand 로고의 의미	
Brand 디자인 의미	
Brand의 전략	
Brand의 변천과정	
Starbucks Brand의 구성 요소	
기타	

27. 고객과 관련하여 다음 사항을 설명하시오.

구분	설명
Customer의 의미	
Customer와 Consumer의 개념 비교	
CS의 의미	
Customer의 중요성	
Customer 중심 경영	
Customer Loyalty의 개념	
기타	

28. 고객의 유형을 제시하고 설명하시오

고객의 유형	설명

29. SERVICE의 개념을 이니셜로 설명하시오.

SERVICE	개념
S	
E	
R	
V	
I	
C	
E	
서비스의 유래와 의미	

30. 서비스 품질 구성 요소 10가지(Servqual)를 설명하시오.

품질 구성요소	설명

31. 메뉴에 대하여 다음을 설명하시오.

구분	설명
Menu의 유래	
Menu의 개념	
Menu의 가치	
Menu의 기능	
기타	

32. 메뉴의 종류를 설명하시오.

메뉴의 종류	설명

33. 메뉴개발에 영향을 미치는 요인에는 무엇이 있는지 설명하시오.

구분	설명
기업측면	
고객측면	
기타	

34. 입지와 상권의 개념, 그리고 호텔외식사업에서 그 중요성을 설명하시오.

구분	설명
입지(Location)	
상권(Market area)	
중요성	

35. 입지와 상권의 조사 방법과 입지와 상권의 유형(종류)을 설명하시오.

구분	설명
조사방법	
유형	

36. 외식사업의 창업절차를 단계별로 설명하시오.

단계별	절차	내용
1단계		
2단계		
3단계		
4단계		
5단계		
6단계		
7단계		
8단계		
9단계		
10단계		

37. 외식 사업계획서 작성 요령을 설명하시오.

단계별	절차	내용
1단계		
2단계		
3단계		
4단계		
5단계		
6단계		
7단계		
8단계		
9단계		
10단계		

38. 창업자의 경영 자세와 기업가 정신을 설명하시오.

구분	설명
창업자세	
창업철학	
기업가 정신	
기타	

39. 외식업계의 트렌드를 10가지만 제시하시오.

트렌드 유형	설명

40. 외식사업 창업 시 아이템 선정 기법과 절차를 설명하시오.

구분	설명
아이템의 개념	
아이템의 중요성	
아이템 선정 기법	
아이템 선정 절차	

41. 외식사업 창업 시 초기 마케팅 전략을 10가지만 제시하시오.

마케팅 전략	설명

42. Franchise의 어원, 개념과 시스템 원리를 설명하시오.

구분	설명
어원	
개념	
시스템 원리	
기타	

43. 프렌차이즈의 장단점을 Franchiser(본부)와 Franchisee(가맹점)의 입장에서 설명하시오.

구분	설명
장단점	
본부의 장점	
가맹점의 장점	

44. 프렌차이즈의 유형과 특징을 설명하시오.

유형	특징

45. 식중독의 정의와 식중독 사고의 종류를 설명하시오.

구분	설명
식중독의 정의	
식중독 사고의 종류	

46. 식중독 사고의 원인을 설명하시오.

구분	설명

47. 호텔/외식사업에서 Sanitation(위생) 지침을 10가지 설명하시오.

위생 지침	설명

48. 고객만족과 고객감동의 차이점, 그리고 기법을 설명하시오.

구분	설명
고객만족	
고객감동	
기법	

49. VOC의 의미와 현장에서 고객의 소리 경청의 중요성과 VOC제도를 설명하시오.

구분	설명
VOC의 의미	
VOC의 중요성	
VOC제도	
기타	

50. 호텔이나 외식업계 중에서 우수한 고객만족 경영 사례를 1개 기업을 선정하여 설명하시오.

업체명	설명
우수한 제도	
시스템	
장단점	
기타	

51. 고객만족 헌장을 작성해 보시오.

고객만족 헌장

52. 기업중심에서 고객중심으로 경영의 초점이 변하고 있습니다. 호텔이나 외식 업계의 고객관리 기법을 10가지만 제시하시오.

고객관리 기법	설명

53. 외식마케팅의 4p Mix를 설명하시오.

구분	설명
4p Mix의 개념	
Product	
Price	
Place	
Promotion	

54. 외식마케팅의 3p Mix를 설명하시오.

구분	설명
3p Mix의 개념	
People	
Process	
Physical evidence	

55. 호텔/외식시장의 전략을 설명하시오.

구분	설명
차별화 전략	
비차별화 전략	
집중화 전략	
기타 전략	

56. 광고에 대하여 다음을 설명하시오.

구분	설명
광고의 개념	
광고와 홍보의 차이	
ADEA원칙	
광고 메시지 작성 기법	

57. 호텔/외식사업 매체의 종류와 특성을 요소별로 설명하시오.

매체명	특성
신문	
잡지	
라디오	
TV	
Blog	
Facebook	
Youtube	
기타	

58. 호텔/외식사업의 인적자원의 가치와 역할을 설명하시오.

구분	설명
인적자원의 의미	
인적자원의 역할	
인적자원의 중요성	
기타	

59. 호텔/외식사업 내부직원의 관리기법을 설명하시오.

구분	설명
Contact Personal의 의미	
내부직원의 관리기법	
내부 마케팅의 전략	
기타	

60. 호텔/외식사업의 물리적 환경의 개념을 설명하시오.

구분	설명
물리적 환경의 개념	
물리적 환경의 구성요소	
물리적 환경의 중요성	
기타	

61. 신라호텔의 마케팅 전략을 설명하시오.

구분	설명
신라호텔 소개	
신라호텔 입지특성	
신라호텔 차별화 전략	
신라호텔의 강점	
신라호텔 식당 소개	

62. 워커힐 호텔의 식당의 종류와 메뉴구성을 설명하시오.

레스토랑명	메뉴구성

63. 스타벅스의 서비스 전략과 마케팅 기법을 설명하시오.

구분	설명
서비스 전략	
마케팅 전략	
차별화 전략	
이벤트 전략	

64. SPC 그룹 소개와 성장 과정을 설명하시오.

구분	설명
SPC 소개	
SPC 성정과정	
SPC 각 브랜드	
파리바케트 소개	

65. 외식관련 용어를 설명하시오.

용어	설명
Hospitality	
A la carte	
Entree	
Chef	
CS	
Franchise	
Central kitchen	
Appetizer	
Lager beer	
Draft beer	
Menu planning	
Banquet service	
Taking oder	
F and B	
Roast	
Cereal	
Sanitation	
Poultry	
Show plate	
Confirm	
Squeezer	
Recipe	
Manual	

Tong	
Garder Manger	
Captain	
Square table	
Complaint	
Back of the house	
Continental breakfast	
Ding room	
Liquor	
Service squence	
No show	
Daily menu	
Utensil	
Counter service	
Table service	
Cafeteria	
Dresser	
Bill	
Bus boy	
Canape	
Catering	
Wagon service	
Plate service	
Turnover	

Main dish	
Inventory	
Finger bowl	

CHAPTER 3

호텔경영론 Worksheet

1. 호텔리어가 갖추어야 할 자질 10가지와 그 이유를 설명하시오.

자질요소	중요한 이유

2. 다른 제조업이나 서비스업과 달리 호텔사업이 갖는 특성을 10가지만 제시해 봅시다.

3. 우리나라 5성급 특급호텔 10곳만 제시해 보고 그 호텔의 특성을 간략하게 설명해 봅시다.

호텔명	호텔운영 방식이나 특성

4. GM의미와 역할을 설명하시오.

의미	역할

5. 우리나라 최초의 호텔은 무엇인지 토의해 봅시다.

최초의 호텔	역사적 의미와 운영상의 특징

6. 호텔의 어원과 의미를 설명해 봅시다.

어원	Hotel의 의미

7. 호텔의 기능을 10가지만 설명하시오.

호텔의 기능	의미하는 내용

8. 호텔 객실의 종류를 유형별로 설명하시오.

유형	객실의 종류
객실의 형태에 따른 유형	
침대 수에 따른 유형	

9. 호텔 객실 요금의 종류를 설명하시오.

요금의 종류	내용

10. Hotel Concierge의 역할을 설명하시오.

11. 호텔운영 방식과 특징을 설명하고 대표적인 호텔의 사례를 설명하시오.

운영방식	특징	사례
독립호텔 방식		
위탁운영 방식		
프렌차이즈 방식		
리퍼럴 방식		

12. 호텔에 유형을 설명하시오.

호텔의 유형	특징	사례
숙박 기간에 따른 유형		
장소에 따른 유형		
관광 법규에 따른 유형		
숙박 목적에 따른 유형		
규모에 따른 유형		
기타 유형		

13. 호텔의 전반적인 부서별 경영 조직을 설명해 보시오.

호텔의 부서	각 부서의 기능과 역할

14. 호텔 식음료 조직과 직무를 설명해 보시오.

호텔의 식음료 부서	각 식음료 부서의 기능과 역할

15. Housekeeping의 의미와 역할을 설명하시오.

Housekeeping의 의미	역할

16. 프론트 데스크의 기능과 주 업무를 설명해 보시오.

1.
2.
3.
4.
5.
6.
7.
8.
9
10.

17. 호텔 레스트랑의 종류를 유형별로 설명해 보시오.

No.	종류와 특징
1	
2	
3	
4	
5	
6	
7	
8	
9	
10	

18. 호텔 식음료 서비스 방식을 설명하시오.

서비스 방식	내용 및 특징

19. 호텔 연회(Banquet)의 개념과 종류를 설명하시오.

개념	연회의 종류

20. 호텔 유니폼 서비스의 개념과 업무 내용을 설명하시오.

개념	업무 내용
	1) Door man 업무
	2) Bell man 업무
	3) Porter 업무
	4) Elevator 업무
	5) Valet Service 업무
	6) G, R, O 업무

21. 호텔 룸 클럭(Room Clerk)의 업무를 설명하시오.

22. 호텔 인포메이션 클럭(Information Clerk)의 업무를 설명하시오.

23. 호텔 등급의 유형과 분류 방식을 설명하시오.

등급	기준	호텔 사례
특1등급(5성급)		
특2등급(4성급)		
1등급(3성급)		
2등급(2성급)		
3등급(1성급)		

24. 관광 숙박업의 종류를 설명하시오.

관광 숙박업의 종류	정의	호텔 사례

25. 신라 호텔의 성공 요인을 분석하고 설명하시오.

26. 우리나라 호텔산업의 현황과 문제점, 발전방안을 제시하시오.

호텔산업 현황	
문제점	
발전방안	

27. 해외 브랜드 호텔을 임으로 선정하여 SWOT으로 분석해 보시오.

강점(S)	약점(W)
기회(O)	위협(T)

SO	
ST	
WO	
WT	

28. 국내 브랜드 호텔을 임의로 선정하여 SWOT으로 분석해 보시오.

강점(S)	약점(W)
기회(O)	위협(T)

SO	
ST	
WO	
WT	

29. 다음 호텔 용어를 설명하시오.

용어	용어 설명
Concierge	
Housekeeping	
Banquet	
Vacancy	
Deposit	
Invoice	
Damage Charge	
American Plan	
Bus Boy	
Cancellation	
Complaint	
Occupancy Rate	
In-Bound	
Over Booking	
GM	
Connecting Room	
Late Arrival	
High Season	
No Show	
Complimentary	
Early Out	
ETA	
Baggage down	
Commercial rate	
Express check-in	
Butler service	

Down Grading	
Amenity	
Cancel charge	
Tuan away	
Voucher	
Deposit Reservation	
Full board	
Half board	
DND	
Welcome drink	
information clerk	
Continental Breakfast	
Lost & Found	
Welcome amenity	
All inclusive	
Make-up	
Make-up room	
Waiting list	
Blocked room	
Booking	
Cash bar	
F,I,T	
Confirm	
Pre-Registered	
Quad room	
Open bed	
Studio room	
Adjoining room	

Off season rate	
Room servicw	
Order taker	
On charge	
F/B Cashier	
F/O Cashier	
Skipper	
Repeat guest	

CHAPTER

4

커뮤니케이션 Worksheet

1. 커뮤니케이션(Communication)에 대하여 설명하시오.

구분	설명
어원	
의미	
서비스커뮤니케이션의 의미	
커뮤니케이션의 중요성	

2. 커뮤니케이션 SMCRE모형을 설명하시오 .

구분	설명
Source	
Message	
Channel	
Receive	
Effect	

3. 커뮤니케이션의 유형을 설명하시오.

유형	설명

4. 비언어 커뮤니케이션의 종류와 특징을 설명하시오.

종류	특징

5. 프레젠테이션(Presentation)의 정의와 발표기법을 설명하시오.

구분	설명
정의	
작성기법	
발표기법	

6. 프레젠테이션에 3P 기법을 설명하시오.

구분	설명
3P	
종류	

7. 메라비언의 법칙을 설명하시오.

구분	설명
법칙의 의미	
구성요소	1.
	2.
	3.
커뮤니케이션에서 법칙의 가치	
기타	

8. 커뮤니케이션에서 경청의 중요성과 효과적인 경청 기법을 설명하시오.

<table>
<tr><th>구분</th><th>설명</th></tr>
<tr><td>중요성</td><td></td></tr>
<tr><td rowspan="17">효과적인
경청 기법</td><td></td></tr>
<tr><td></td></tr>
<tr><td></td></tr>
<tr><td></td></tr>
<tr><td></td></tr>
<tr><td></td></tr>
<tr><td></td></tr>
<tr><td></td></tr>
<tr><td></td></tr>
<tr><td></td></tr>
<tr><td></td></tr>
<tr><td></td></tr>
<tr><td></td></tr>
<tr><td></td></tr>
<tr><td></td></tr>
<tr><td></td></tr>
<tr><td></td></tr>
</table>

9. 경청이 어려운 이유와 방해 요인을 설명하시오.

구분	설명
경청이 어려운 이유	
경청이 방해 요인	
경청의 방해 요인 극복방법	

10. 아리스토텔레스의 화법 세 가지를 예를 들어 설명하시오.

구분	설명
Logos 화법	
Ethos 화법	
Pathos 화법	

11. 질문의 어원과 효과적인 기법, 가치, 유형을 설명하시오.

<table>
<tr><th>구분</th><th>설명</th></tr>
<tr><td>Question 어원</td><td></td></tr>
<tr><td>효과적인 기법</td><td></td></tr>
<tr><td>효과적인 가치</td><td></td></tr>
<tr><td rowspan="8">질문의 유형</td><td></td></tr>
<tr><td></td></tr>
<tr><td></td></tr>
<tr><td></td></tr>
<tr><td></td></tr>
<tr><td></td></tr>
<tr><td></td></tr>
<tr><td></td></tr>
</table>

12. 로버트 차일리디의 심리학에 나오는 여섯 가지 설득의 기법을 설명하시오.

법칙	설명
Liking	
Reciprocity	
Authority	
Social proof	
Consistence	
Scarcity	

13. I message와 You message 화법의 기법과 사례를 들어 설명하시오.

구분	설명 및 사례
I message 화법	
You message 화법	

14. 공감의 의미와 스티븐 코비가 주장하는 공감적 경청기법을 설명하시오.

구분		설명
Empathy(공감)의 의미		
공감적 경청 단계	1단계	
	2단계	
	3단계	
	4단계	
	5단계	

15. 토의와 토론을 비교하고 기법을 설명하시오.

구분	설명
토의	
토론	
토의 토론 기법	

16. 엘리베이터 스피치(Elevator Speech)기법을 설명하시오.

17. 쿠션 화법의 의미와 유형을 설명하시오.

구분	설명
의미	
유형	

18. PREP화법의 의미와 사례를 들어 설명하시오.

구분	설명
Point	
Reason	
Example	
Point	
사례	

19. 다음 커뮤니케이션 기법을 사례를 들어 설명하시오.

구분	설명
Yes, But화법	
아로손 화법	
123화법	

20. Family 대화법을 설명하시오.

구분	설명
Friendly	
Attention	
Me, too	
Interest	
Look	
You are centered	

21. 커뮤니케이션에서 플라시보(Placebo)효과와 BMW화법을 설명하시오.

구분	설명
플라시보(Placebo)효과	
Body	
Mood	
Wit	

22. 조직 커뮤니케이션의 의미와 중요성을 설명하시오.

구분	설명
조직 커뮤니케이션의 의미	
조직 커뮤니케이션의 중요성	

23. 조직 내 커뮤니케이션의 유형을 설명하시오.

유형	설명

24. 조직 내 커뮤니케이션의 형태를 설명하시오.

형태	설명

25. 커뮤니케이션(말, 대화, 소통 등)과 관련한 우리나라 속담을 설명하시오.

속담	설명

26. 커뮤니케이션(말, 대화, 소통 등)과 관련한 서양 속담을 설명하시오.

속담	설명

27. 커뮤니케이션과 관련한 책을 선정하여 읽고 요약 설명하시오.

구분	내용 및 요약
책 제목/저자	
요약	
시사점	
핵심 문장	
기타	

CHAPTER **5**

칵테일 Worksheet

1. 훌륭한 바텐더의 자질 10가지를 설명하시오.

자질	설명

2. 칵테일을 만드는 기본이 되는 알코올성 음료인 기주를 설명하시오.

기주	특성/설명

3. 음료를 알코올성과 비알코올성으로 분류하여 설명하시오.

구분	종류 및 설명
알코올성	
비알코올성	

4. 맥주의 제조 과정을 설명하시오.

제조과정	설명

5. 주세법상에 나와 있는 술의 정의를 설명하시오.

6. 맥주의 종류와 특징을 설명하시오.

종류	특징
Ale	
Lager	
Beer	
Bass	
Stout	
Porter	
Bitter	
기타	

7. 위스키의 종류와 특징을 설명하시오.

종류	특징

8. 브랜디의 종류와 특징을 설명하시오.

종류	특징

9. 진의 종류와 특징을 설명하시오.

종류	특징

10. 테킬라의 종류와 특징을 설명하시오.

종류	특징

11. 럼의 종류와 특징을 설명하시오.

종류	특징

12. 보드카의 종류와 특징을 설명하시오.

종류	특징

13. 위스키의 종류와 특징을 설명하시오.

종류	특징

14. 리큐르의 종류와 특징을 설명하시오.

종류	특징

15. 리큐르의 정의와 제조방법을 설명하시오.

리큐르의 정의	
리큐르의 정의 제조방법	

16. 주장의 종류와 특징을 설명하시오.

종류	특징

17. 칵테일의 종류와 특징을 설명하시오.

종류	특징

18. 칵테일의 어원과 정의를 설명하시오.

칵테일의 어원	
칵테일의 정의	

19. 칵테일 제조에 필요한 도구를 설명하시오(20가지).

도구	용도

20. 칵테일 글라스(Glas)의 종류와 용도를 설명하시오.

종류	설명

21. 칵테일 제조 시 필요한 부재료 종류를 설명하시오.

종류	설명

22. 칵테일 만드는 기법을 설명하시오.

기법	설명

23. 칵테일의 용어를 설명하시오.

용어	설명
Ounce	
Stir	
Tabasco sauce	
Boston glass	
Highball glass	
Shot	
Virgin	
Muddler	
Club Soda	
Shaker	
On the rocks	
Build	
Tonic water	
Squeezer	
Pint	
House	
Mocktail	
Grater	
Ginger Ale	
Float	
Straight	
Proof	
Floating	
Strainer	
Ice scoop	
Saucer glass	

Toddy glass	
Tequila	
Shooters	
Half and half	
Chaser	
Garnish	
Rum	
Coaster	
Mixed drink	
Spirits	
Cordial glass	
Gin	
Body	
Pell	
Jigger	
Base	
Vodka	
Filter Shaker	
Neat	
Dirty drink	
Shot glass	
Scotch whisky	
Layering	
Frosting	
Dry	
Liquer	
Brandy	
Pourer	

Well drink	
Last call	
Rocks glass	
Whisky	
Rimming	
Chilling	

CHAPTER

6

소믈리에 Worksheet

1. 훌륭한 Sommelier(소믈리에)가 되기 위한 10가지 자질을 설명하시오.

No.	자질	설명
1		
2		
3		
4		
5		
6		
7		
8		
9		
10		

2. 와인의 역사를 간단히 설명하시오.

3. 테루아의 의미와 관련 요소를 설명하시오.

구분	설명
테루아의 의미	
관련 요소	1)
	2)
	3)
	4)
	5)

4. 와인의 종류와 특성을 설명하시오.

구분	종류	특성
맛에 따라		
색에 따라		
알코올 유무에 따라		
식사 시 용도에 따라		
저장기간에 따라		

탄산가스 유뮤에 따라		
당도에 따라		
용도에 따라		
기포에 따라		
기타		

5. 포도의 품종을 구분하는 요소들은 무엇인지 설명하시오.

요소	설명

6. 와인의 맛을 결정하는 요인은 무엇인지 설명하시오.

요인	설명

7. 포도 품종의 종류를 열 가지만 제시하시오.

No.	품종	설명
1		
2		
3		
4		
5		
6		
7		
8		
9		
10		

8. 블렌딩 와인이란 무엇인지 설명하시오.

9. 와인 Vintage(빈티지)의 개념과 중요성에 대하여 설명하시오.

구분	설명
개념	
중요한 가치	

10. 와인의 제조 과정을 설명하시오.

구분	제조 과정
White wine	
Red wine	
기타	

11. 와인병에 쓰여 있는 라벨(정보)를 구분하여 설명하시오.

12. 효과적인 와인저장 방법을 설명하시오

구분	설명	기타
적정 온도		
와인보관 액세서리		
마시기 적정 온도		
마시다 남은 보관방법		
기타		

13. 와인 Decanting(디캔팅)에 대하여 설명하시오.

구분	설명
의미	
원리	
방법	
디캔팅 서비스 방법	
목적	
기타	

14. 와인 서빙 방법과 순서를 순서별로 설명하시오.

구분	설명
서빙 방법	
서빙 순서	
기타	

15. 와인의 기본 상식에 대하여 10가지 이상 설명하시오.

구분	설명

16. 와인 페어링(Wine Pairing)의미와 원칙을 설명하시오.

구분	설명과 원칙
Wine Pairing 의미	
Wine Pairing 원칙	

17. 아로마(Aroma)와 부케(Bouquet)를 설명하시오.

구분	설명
Aroma	
Bouquet	
아로마와 부케의 차이점	
기타	

18. Wine glass의 종류와 용도를 설명하시오.

글라스 종류	특징 및 용도

19. 와인 매너 기법을 10가지만 설명하시오.

기법	설명

20. 와인 테스팅(Wine tasting) 순서와 와인 테스팅 용어를 설명하시오.

구분	설명
와인 테스팅 순서	
와인 테스팅 용어	

21. 레드 와인의 대표 품종을 설명하시오.

대표 품종	설명

22. 화이트 와인의 대표 품종을 설명하시오.

대표 품종	설명

23. Wine body의 의미와 3단계를 설명하시오.

구분	설명
Wine body의 의미	
Wine body의 중요성	
Wine body 3단계	
기타	

24. Wine tannin의 의미와 역할을 설명하시오.

구분	설명
Wine tannin 의미	
Wine tannin 역할	
기타	

25. AOC란 무엇인지 설명하시오.

26. 와인 코르크의 종류와 역할을 설명하시오.

구분	설명
와인 코르크의 종류	
와인 코르크의 역할	

27. 프랑스의 주요 와인 생산지역을 설명하시오.

주요 와인 생산지역	특징

28. 다음 와인 용어를 설명하시오.

와인 용어	용어 설명
Bouquet	
Brandy	
Medoc	
Body	
Vin	
Vintage	
Chateau	
Viticulture	
Winemaker	
Woody	
Brut	
Chardonnay	
Sekt	
AC/AOC	
Finishy	
Fruity	
Polyphenols	
Vit	
Port	
Aging	
Tannin	
Vintage	
Demi-sec	
Vinification	
Balance	
Still wine	

Berry	
Fermentation	
Aroma	
Nouveau	
Fining	
Hard	
Ice wine	
Cognac	
Clarity	
Decanting	
Chardonnay	
Aperitif wine	
Cabernet sauvignon	
Blending	
Nouveau	
Table wine	
Aftertaste	
Napa	
Rose	
Bacchus	
Magnum	
Semillon	
Sour	
Kabinett	

CHAPTER 7

서비스마케팅 Worksheet

1. 마케팅의 개념과 현대경영에서 마케팅이 강조되는 이유를 설명하시오.

구분	설명
어원적 의미	
일반적 의미	
미국마케팅협회의 정의	
한국마케팅학회의 정의	
현대경영에서 중요성	
기타	

2. Management(경영)과 Marketing(마케팅)의 차이점을 설명하시오.

구분	설명
Management	
Marketing	

3. 제조업 마케팅과 서비스업 마케팅의 차이를 설명하시오.

구분	설명
제조업 마케팅	
서비스업 마케팅	

4. 브랜드 네이밍(Brand naming) 과정과 좋은 브랜드 네이밍의 조건을 설명하시오.

구분	설명
브랜드 네이밍의 개념	
브랜드 네이밍의 과정	
좋은 브랜드 네이밍의 조건	
기타	

5. Marketing Mix의 개념과 4P Mix와 3P Mix를 설명하시오.

구분	설명
Marketing Mix의 개념	
4P Mix	
3P Mix	

6. STP를 사례를 들어 설명하시오.

구분	설명
Segmentation	
Target	
Positioning	

7. 급변하는 마케팅 환경 변화요인과 3C 분석 요인을 설명하시오.

구분	설명
마케팅 환경 변화요인	
3C요인	

8. SWOT분석 기법을 설명하시오.

구분	설명
Strength	
Weakness	
Opportunity	
Threat	
SO	
SW	
WO	
WT	

9. 관계마케팅을 설명하시오.

구분	설명
개념	
특징	
사례	
기타	

10. 문화 마케팅의 개념과 기법을 설명하시오.

구분	설명
개념	
특징	
사례	
기타	

11. 구전 마케팅을 설명하시오.

구분	설명
개념	
특징	
사례	
기타	

12. 플래그십 마케팅을 설명하시오.

구분	설명
개념	
특징	
사례	
기타	

13. 컬래버레이션 마케팅을 설명하시오.

구분	설명
개념	
특징	
사례	
기타	

14. Big Data Marketing을 설명하시오.

구분	설명
개념	
특징	
사례	
기타	

15. Time Marketing을 설명하시오.

구분	설명
개념	
특징	
사례	
기타	

16. TPO Marketing을 설명하시오.

구분	설명
개념	
특징	
사례	
기타	

17. Fun Marketing을 설명하시오.

구분	설명
개념	
특징	
사례	
기타	

18. VIP Marketing을 설명하시오.

구분	설명
개념	
특징	
사례	
기타	

19. Star Marketing을 설명하시오.

구분	설명
개념	
특징	
사례	
기타	

20. SNS Marketing을 설명하시오.

구분	설명
개념	
특징	
사례	
기타	

21. Noise Marketing을 설명하시오.

구분	설명
개념	
특징	
사례	
기타	

22. Viral Marketing을 설명하시오.

구분	설명
개념	
특징	
사례	
기타	

23. Green Marketing을 설명하시오.

구분	설명
개념	
특징	
사례	
기타	

24. Experience Marketing을 설명하시오.

구분	설명
개념	
특징	
사례	
기타	

25. Micro Marketing을 설명하시오.

구분	설명
개념	
특징	
사례	
기타	

26. Demarketing을 설명하시오.

구분	설명
개념	
특징	
사례	
기타	

27. Aroma Marketing을 설명하시오.

구분	설명
개념	
특징	
사례	
기타	

28. Niche Marketing을 설명하시오.

구분	설명
개념	
특징	
사례	
기타	

29. Digital Marketing을 설명하시오.

구분	설명
개념	
특징	
사례	
기타	

30. Brand Marketing을 설명하시오.

구분	설명
개념	
특징	
사례	
기타	

31. 테스트 마케팅을 설명하시오.

구분	설명
개념	
특징	
사례	
기타	

32. 스토리 마케팅을 설명하시오.

구분	설명
개념	
특징	
사례	
기타	

33. 내부 마케팅의 개념과 기법을 설명하시오.

구분	설명
개념	
기법	
중요성	
기타	

34. 매슬로우의 욕구 5단계설을 설명하시오.

구분	설명
1단계	
2단계	
3단계	
4단계	
5단계	
시사점	

35. 마케팅 전략 수립절차를 설명하시오.

단계별 전략	내용
1단계	
2단계	
3단계	
4단계	
5단계	
6단계	
7단계	
8단계	
9단계	
10단계	

36. 마케팅의 시장 환경분석 방법을 설명하시오.

구분	방법
거시적 환경 분석	
미시적 환경 분석	

37. 시장세분화 기준을 설명하시오.

시장세분화 기준	설명

38. 소비자의 구매 의사결정 과정을 설명하시오.

구분	설명

39. 고객의 상품 채택 과정 법칙을 설명하시오.

구분	설명

40. 신상품 개발 전략 방법을 설명하시오.

구분	설명

41. 가격 결정 방법을 설명하시오.

구분	설명

42. 광고 전략 기법을 설명하시오.

구분	설명
광고의 개념	
광고와 홍보의 차이	
광고 카피작성 원칙	
광고전략 수립	
광고효과 분석	

43. 판매 촉진의 의미와 판매 촉진 전략 방법을 설명하시오.

구분	설명
판매 촉진의 개념	
판매 촉진 전략 방법	

44. 인적판매의 의미와 방법을 설명하시오.

구분	설명
인적판매의 개념	
인적판매의 방법	

45. POP광고의 의미와 특징을 설명하시오.

구분	설명
POP광고의 의미	
POP광고의 특징	
POP광고의 사례	
POP광고의 효과	

46. 제품의 수명 주기(PLC)와 단계별 마케팅 전략을 설명하시오.

주기	특징	단계별 전략
Introduction		
Growth		
Maturity		
Decline		

47. 블루오션 전략을 설명하시오.

구분	설명
개념	
특징	

48. 파레토의 법칙과 롱테일의 법칙을 설명하시오.

구분	설명
파레토의 법칙	
롱테일의 법칙	

49. 피터 드러커의 위대한 기업의 질문 다섯 가지를 설명하시오.

5가지 질문	설명

50. 잭 트라우트의 마케팅 불변의 법칙 22가지를 설명하시오.

마케팅 법칙	설명

51. 짐 콜린스의 성공하는 기업의 8가지 습관을 설명하시오.

습관	설명
제1습관	
제2습관	
제3습관	
제4습관	
제5습관	
제6습관	
제7습관	
제8습관	

52. 임의로 특정 기업을 선택하여 마케팅 사례를 설명하시오.

구분	설명
기업소개	
마케팅 특징	
마케팅 주요 전략	
시사점	
기타	

53. 다음 마케팅 용어를 설명하시오.

용어	설명
Promotion	
AD	
Publicity	
PR	
SP	
CRM	
Banner Advertising	
SNS	
Viral Marketing	
Targeting Marketing	
Contents Marketing	
Brand Marketing	
Demarketing	
Experience Marketing	
O2O	
Warm Marketing	
4C	
SWOT	
STP	
3P	
Brand Loyalty	
Market Segmentation	
Marketing Mix	
Marketing research	
Marketing tools	
Niche Marketing	

POP	
PLC	
Marketing Mix	
Remarketing	
Demands	
Marketing Myopia	
고객생애가치	
Market targeting	
Positioning	
Demography	
소비자 구매행동	
MZ	
Marketing environment	
Differentiation	

CHAPTER

8

커피 바리스타 Worksheet

1. 바리스타가 갖추어야 할 자질 10가지를 설명하시오.

No.	자질 요소	설명
1		
2		
3		
4		
5		
6		
7		
8		
9		
10		

2. 커피의 발견과 기원에 대해서 설명해 보십시오.

3. 우리나라 커피의 도입과정을 설명해 보십시오.

구분	설명
도입시기	
도입과정	
당시 사회 분위기	

4. 세계 주요 커피 산지와 특징을 설명하시오.

주요산지	특징	기타

5. 스타벅스의 성공 사례를 설명해 보십시오.

구분	설명
창업자	
창업시기/장소	
대표 메뉴	
경영 슬로건	
세계 매장수	
차별화 전략	
국내 매장수	
로고 상징 의미	

6. 지금까지 밝혀진 커피의 효능에 대해서 설명해 보십시오.

효능 분야	주요 내용

7. 커피 생산과정에서 손님 테이블에 서빙되는 전 과정을 설명하시오.

단계	주요 내용	기타
1단계		
2단계		
3단계		
4단계		
5단계		
6단계		
7단계		
8단계		
9단계		
10단계		

8. 커피의 성분에 대해서 설명해 보십시오.

주요성분	성분의 주요 효능	기타

9. 커피의 어원을 설명하시오.

어원	의미

10. 커피 로스팅 방식을 설명하시오.

로스팅 방식	주요내용

11. 커피 로스팅 과정(단계)을 설명하시오.

로스팅 단계	주요 과정 설명

12. 각 나라별 커피 명칭을 설명해 보십시오.

나라별	명칭	나라별	명칭

13. 커피의 산지별 원두의 특징과 종류를 설명해 보십시오.

커피산지	원두의 특징과 종류

14. 커피의 주요 품종 및 특징을 설명하시오.

3대 품종	특징
Arabica(아라비카)	
Canephora(카네포라)	
Liberica(리베리카)	

15. 커피의 가공과정을 설명하시오.

방식	특징
Natural Dry Processing (자연건조방식)	
Wet Processing (습식방식)	
Pulped Natural (펄프 내추럴방식)	
기타 방식	

16. 커피 블렌딩의 개념과 커피 블렌딩이 주는 효과를 설명하시오.

블렌딩의 개념	블렌딩이 주는 효과

17. 에스프레소의 유래와 특징을 설명하시오.

유래	특징

18. 커피 포밍(Foaming)을 설명하시오.

19. 커피 추출 방식을 설명하시오.

추출방식	주요 특징
Espresso	
Moka Pot	
Hand Drip	
Water Drip	
French Press	
Syphon	
Turkish Coffe	
기타	

20. 커피추출 개념과 추출단계, 그리고 추출 시 맛에 미치는 요소를 설명하시오.

추출	설명
커피추출 개념	
커피추출 원리	
커피추출 단계	1) 뜸 들이기 2) 추출 3) 가수분해
추출 시 맛에 미치는 요소	1) 원두입자 2) 원두의 양 3) 물의 온도 4) 추출시간
커피추출 순서	

21. 커피의 맛을 좌우하는 요인을 설명하시오.

주요 요인	근거

22. 커피 메뉴의 종류 10가지를 제시하고 설명하시오.

주요 메뉴	메뉴의 특징

23. 에스프레스의 추출 순서와 단계별 내용을 설명하시오.

추출 순서	추출 단계별 내용

24. Latte art(라테아트)의 의미와 원리 종류를 설명하시오.

구분	설명
라테아트 의미	
라테아트 원리 및 유래	1) 유래 2) 원리
라테아트 종류	1) Free pouring 2) Etching 3) Power art
라테아트 만드는 도구	

25. 커피 블렌딩 방법을 설명하시오.

구분	설명
Blending 개념	
Blending 하는 이유	
Blending 방법	1) 생두 단계 Blending 2) 로스팅 단계 Blending
대표적인 Blending	1) 2) 3) 4) 5)
Blending 시 주의사항	

26. 크레마(Crema)란 무엇인지 설명하시오.

구분	설명
Crema 개념	
Crema가 커피에 주는 효과	
Crema 만드는 방법	
커피 크레마 성분	
기타 크레마 관련상식	

27. Coffe관련 다음 직업의 개념과 역할에 대하여 설명하시오.

구분	역할
바리스타	
로스터	
블렌더	
커퍼	
큐레이터	

28. Drip Coffee에 대하여 설명하시오.

개념	
방법	
도구	
레시피	1) 2) 3) 4) 5) 6) 7) 8) 9) 10) 11) 12)

29. Coffee관련 도구를 설명하시오.

도구이름	용도

30. 다음 커피에 대하여 설명하시오.

커피종류	특징 및 추출 방법
Espresso	
Americano	
Cafe latte	
Macchiato	
Cafe mocha	
Affogato	
Dutch coffee	
Drip coffee	
기타	

31. 커피 메뉴를 30가지 설명하시오.

커피메뉴	메뉴설명

32. 해외 커피 브랜드를 임의로 선정하여 SWOT분석을 하시오.

강점(S)	약점(W)
기회(O)	위협(T)

SO	
ST	
WO	
WT	

33. 국내 커피 브랜드를 임의로 선정하여 SWOT분석을 하시오.

강점(S)	약점(W)
기회(O)	위협(T)

SO	
ST	
WO	
WT	

34. 우리나라 커피산업 현황을 분석하고 경쟁력 방안을 제시하시오.

구분	설명
커피산업 현황	
커피산업 문제점	
커피산업 경쟁력 방안	

35. 다음 커피관련 용어를 설명하시오.

용어	의미
Espresso	
Flavor Wheel	
Etching	
Filter	
Tamper	
Tamping	
Flat burr	
After taste	
Past Crop	
Hand Drip	
Aroma	
Old Crop	
Flannel Dripper	
Fragrance	

Cupping	
Conical burr	
Affogato	
Chaff	
Roasting bean	
R-Grader	
New Crop	
Dripper	
Leveling	
decaffeinated coffee	
Bouquet	
Lungo	
Brewing	
Restretto	
Latte art	
Drip pot	
Packing	
Machiatto	
Full	
Grinder	
Intensity	
Mocha	
Carbony	
Nose	
Rich	
Crama	
New Crop	
Double Roasting	

Dutch Coffe	
Dose	
Regular Coffee	
Coffee Liquer	
Milk Picher	
Blue Mountain	
Demitasse	
Whippd Cream	

저|자|소|개

임붕영

신안산대학교 호텔외식산업과 교수
경기대학교 대학원 관광학 박사
한국유머경영학회 회장
한국음식업중앙회 교육원 서비스 전문강사
중앙일보 유머칼럼리스트 역임
2002년 월드컵 대회 친절, 서비스 전문강사
한국외식경영학회 부회장/한국관광산업포럼 부원장 역임
인천광역시 음식문화관광위원회 위원(역임)

[저 서]

서비스쿠데타(형설출판사)
외식산업경영론(형설출판사)
외식사업 주방관리론(대왕사)
셀프 리더십론(백산출판사)
스위트 스팟(다산북스)
1% 리더만 아는 유머의 법칙(미래지식)
1% 리더만 아는 유머 학습법(미래지식)
아버지의 웃음(청림출판)
서비스바이러스(도서출판 무한)
외식사업개론(대왕사)
외식사업길라잡이(형설출판사)
고품격 유머스트레칭(다산북스)
감성커뮤니케이션론(한올출판사)
1% 리더만 아는 유머 대화법(미래지식)
우리는 웃기는 리더를 존경한다(다산북스)
시집 「옷을 벗어야 날개가 난다」(토비스출판)

※ 다음 기업체에서 유머경영, 커뮤니케이션, 고객만족, 친절서비스 리더십, 이미지관리 관련 강의함.

서울대, 한양대, 중앙대, 성균관대, 경희대, 건국대, 인천대, 경남대, 아주대 등의 CEO과정, 삼성전자, 현대자동차, 일양약품, 메리츠화재, KTF, 동아제약, 삼성중공업, KB생명, 대한상공회의소, 모두투어, (주)휴넷, 인천광역시 공무원 교육원, 한국음식업중앙회 교육원(서울, 경기, 인천), 롯데호텔, 63City, 웨스턴 조선호텔, 프라자호텔, 리베라호텔, 인천광역시 남동구청, 매일경제신문사, 중소기업진흥공단, 인천광역시 남구청, 인천광역시, 한국조리사협회, 부평구청, 중소기업청, 한국수산, 엘도라도, 이조케터링서비스(주), 정원면옥, 모란각 체인본부, 한국음식업중앙회 각 지부, 용평스키장, OGM Korea, 부천시 소사구청, 프렌차이즈 플라자, RTM, 맛깔컨설팅, (주)제너시스BBQ, Lai Lai, 남양알로에, 한국여성경제인협회 인천지회, 샤롯데 웨딩페어, 한국창업전략연구소.

E-mail : boongyoung@hanmail.net

저자와의
합의하에
인지첩부
생략

호텔외식경영론 워크북

2021년 12월 25일 초판 1쇄 인쇄
2021년 12월 30일 초판 1쇄 발행

지은이 임붕영
펴낸이 진욱상
펴낸곳 (주)백산출판사
교　정 박시내
본문디자인 오행복
표지디자인 오정은

등　록 2017년 5월 29일 제406-2017-000058호
주　소 경기도 파주시 회동길 370(백산빌딩 3층)
전　화 02-914-1621(代)
팩　스 031-955-9911
이메일 edit@ibaeksan.kr
홈페이지 www.ibaeksan.kr

ISBN 979-11-88892-94-5　93320
값 15,000원